AF139184

Thomas Claer (Hrsg.)

Wem gehört der Mond?

Texte rund um die Juristenausbildung aus 14 Jahren *justament*

BoD

Der Abdruck der Texte erfolgt mit freundlicher Erlaubnis der Lexxion Verlagsgesellschaft Berlin.

ISBN: 9783735737366

Herstellung und Verlag:

BoD - Books on Demand

Norderstedt 2014

Printed in Germany

Alle Rechte vorbehalten. Nachdruck, foto-mechanische Wiedergabe, Aufnahme in Online-Dienste und Internet sowie Vervielfältigung auf Datenträgern nur nach Zustimmung des Herausgebers.

Inhalt

Der Herausgeber

Dr. jur. Thomas Claer, geb. 1971 in Wismar, ist Rechtsphilosoph und seit 2007 leitender Redakteur des Magazins „Justament. Karrierezeitschrift für Juristen" sowie seit 2009 auch des Internetportals „Justament online" (www.justament.de). Auf seiner Internetseite Law & Columns (www.thomas-claer.de) sind nahezu alle seine Texte frei verfügbar. Er lebt als freier Publizist, Privatlehrer und Rechtsanwalt in Berlin. Weitere Veröffentlichungen: Negative Staatlichkeit. Von der „Räuberbande" zum „Unrechtsstaat" (Hamburg 2003), Der deutsche Wirtschaftsanwalt. Handbuch für Unternehmen (Berlin 2006 und 2008), Auf eigene Faust. Aktiensparen für Kleinanleger (Norderstedt 2012).

Vorwort des Herausgebers

„Wem gehört der Mond?" Diese Frage stellte mir vor zwanzig Jahren allen Ernstes der Jura-Professor in der Sachenrechts-Vorlesung. Ich weiß bis heute nicht, wem der Mond gehört, und auch laut Google, das es damals noch nicht gab, ist die Frage nach dem Mondeigentümer noch immer nicht endgültig geklärt. Eines aber ist mir rückblickend klargeworden: So eine Juristenausbildung ist kein Lebensabschnitt wie jeder andere. Wer sie durchlaufen hat, der hat schon einiges erlebt. Die Zeitschrift *justament,* für die ich seit zwölf Jahren schreibe, hat sich neben ihrer fachlichen Seite auch immer wieder der „Juristenausbildung als innerem Erlebnis" gewidmet. Die gelungensten Beiträge hierzu aus 14 Jahren – aus der Feder von 14 Autorinnen und Autoren – sind nun erstmals als Buch zusammengestellt, darunter die komplette Serie „Best of Jurastudium" und alle Tagebücher mit den geheimen Aufzeichnungen der anonymen Rechtsreferendarinnen.

Thomas Claer

Berlin, im September 2014

Best of Jurastudium (2007-2009)

Wem gehört der Mond?

Thomas Claer

Wenn die Tage immer kürzer werden, der Weihnachtsterror beginnt und auch das Staatsexamen bald schon wieder ein Jahr länger zurückliegt, kommen einem schon mal komische Gedanken. Wie wäre es, denkt man bei sich, da noch einmal hinzugehen? In die Uni, an den Ort, der einem so viel Pein bereitet hat, sich dort neben die schwitzenden Massen in eine Klausur zu setzen, es richtig krachen zu lassen und am Ende zu triumphieren: Ihr könnt mich alle mal! Hier sind alle meine Scheine und Abschlüsse!

Doch anders als seinerzeit die Monokel tragenden Honoratioren in der „Feuerzangenbowle" wird man damit heute wohl niemanden mehr in ehrfürchtiges Erstaunen versetzen können. Nach dem Staatsexamen ist es mit dem Darwinismus nicht zu Ende, sondern er geht für die meisten nur in eine neue Runde, ohne dass ein Ende abzusehen wäre. Und dennoch können - über die Jahre - selbst die eher bedrückenden Erinnerungen eine nostalgische Dimension gewinnen.

Ö. war von allen gefürchtet. Im dritten Semester hörten wir bei ihm Sachenrecht. Er hatte die Angewohnheit, seine Vorlesung als Frage-Antwort-Spiel mit seinem Auditorium zu gestalten. Doch blieb er nicht, wie etwa sein

9

Kollege, der freundliche S., an seinem Pult stehen und befragte nur die ersten Reihen. Ö. spazierte unablässig zwischen seinen Zuhörern entlang und jeden konnte es irgendwann treffen. Den Stoff, den sich manch einer von ihm zu erfahren erhofft haben mochte, setzte er zumindest in Grundzügen als bekannt voraus. Seine Zuhörer sollten in seinen Veranstaltungen gut präpariert erscheinen oder gar nicht. Wurde man nach etwas gefragt und gab zu, keine Antwort zu wissen, herrschte er den betreffenden an: „Was heißt das, sie wissen es nicht? Warum wissen sie es nicht? Was machen Sie überhaupt hier? Gehen Sie nach Hause und lesen Sie das Lehrbuch!" Nach einigen Wochen waren die Reihen dann auch schon merklich gelichtet. Aber es war eben erst das dritte Semester! Das Selbstbewusstsein, die Frechheit, sich alles einfach autodidaktisch beizubringen, hatten damals nur die ganz coolen Hunde. Und so kamen wir weiter zu Ö, registrierten aber beunruhigt, dass mit jeder weiteren Reduktion der Teilnehmerzahl das Risiko, im Fragespiel an die Reihe zu kommen, bedrohlich stieg. Und bei dem Tempo, das der sich mikrofonbewaffnet durch unsere Reihen quetschende Ö. in seinem Frage-Stakkato vorlegte, kamen pro Sitzung gut und gerne hundert Unglückliche in die Bredouille, ihm Rede und Antwort stehen zu müssen. Nur gut, dachten wir, dass er dann und wann auch mal lange Monologe hält, die für ein wenig Entspannung sorgen.

Nun fand die Vorlesung aber nicht in irgendeinem kleinen Hörsaal, sondern im riesigen Audimax statt, das in den hintersten Reihen, wo man schon fast mit dem Kopf an die Decke stieß, recht dunkel und schwer einsehbar war. Hier war ein gutes Versteck, um Ö. hören und sehen, sich aber gleichzeitig vor ihm verbergen zu können. Doch diesen scheinbar rettenden Gedanken hatten einfach zu viele. Ö. musste die verräterisch volle Besetzung der hinteren Reihen irgendwann bemerken. Und so kam es auch. Als er uns erspäht hatte, schritt er maliziös lächelnd die Treppen nach oben. Doch dann konnte er plötzlich nicht mehr weiter. Sein Mikrofonkabel war zu kurz. Große Heiterkeit im Saal. Ö. ballte die Faust und rief uns zu: „Fühlen sie sich dort oben nur nicht zu sicher! Für das nächste Mal besorge ich mir ein längeres Kabel – und dann fresse ich sie!"

Wenn ich mich recht erinnere, mied ich fortan Ö's Vorlesungen. Irgendwie auch schade, denke ich aus heutiger Sicht. Denn es war nicht alles schlecht bei Ö. (Wobei man das heute auch oft über die DDR hört.) Ö hatte durchaus Witz. Auf die Frage, warum er denn keine Handzettel mit dem Inhalt seiner Vorlesung verteile, meinte er, um all das, was er uns erzähle, zu Papier zu bringen, müssten ganze Wälder gerodet werden. Und er erklärte auch einmal, warum er uns ständig so viel fragte. Er wolle uns zum Reden bringen. Denn das Handwerkszeug des Juristen sei nun einmal die Sprache. Ein sprachloser

Jurist sei einfach nur ein Unding. Und daher müsse doch jeder in der Lage sein, auf jede Frage irgendetwas Vernünftiges zu sagen.

Daraus entwickelten einige ganz gewitzte Kommilitonen eine Strategie, mit der man Ö.'s Fragen manchmal parieren konnte. Sie warfen einfach einen beliebigen Paragraphen des BGB in den Raum, möglichst einen sachenrechtlichen oder einen aus dem Allgemeinen Teil. Und Ö ging darauf ein! Er war dann verdutzt, aber er ging dem nach. Selbstverständlich hatte er alle über zweitausend Paragraphen des BGB im Kopf. „Na, das ist doch jetzt aber ziemlich weit hergeholt", hieß es dann, „aber immerhin eine Antwort. Fragen wir mal den Nachbarn…"

Nach etlichen Wochen Pause ließ ich mich von einigen mutigen Kommilitonen überreden, doch einmal wieder mitzukommen zu Ö., so schlimm sei er doch gar nicht. Ich ging darauf ein. Und es kam, wie es kommen musste. Ö war schon bei den Grenzbereichen des Sachenrechts angelangt und debattierte knifflige Spezialprobleme. Und dann fragte er: „Wem gehört der Mond?" und zeigte mit seinem Finger genau auf mich. Zum Glück präzisierte er seine Frage sogleich noch etwas: „Gehört den Amerikanern der Mond?" „Auf keinen Fall!", platzte es laut aus mir heraus. Heiterkeit im Saal. Ich schob dann sogar noch eine improvisierte Betrachtung über die Nichtanwendbarkeit des irdischen Sachenrechts auf extraterrestrische Objekte nach, die Ö. nur mit einem „Hmm" quittierte und sein nächstes Opfer suchte. Dann hatte ich lange Zeit nichts mehr mit Ö. zu tun. Doch was für eine Genugtuung, Jahre später die Promotionsurkunde entgegenzunehmen – unterzeichnet ausgerechnet von Ö., der just in jenem Semester turnusmäßiger Dekan der Fakultät war.

(2007)

Was wäre, wenn…..

Pinar Karacinar

Was hätte ich gemacht, wenn ich nicht Jura studiert hätte? Was wäre, wenn ich noch einmal vor der Wahl stehen würde, was ich studieren soll? Wäre es wieder Jura? Solche Gedanken spuken einem nicht nur im Laufe dieses qualvollen Studiums durch den Kopf, sondern auch nach dessen Beendigung.

Das Jurastudium ist geprägt von Schmach, Pein und Erniedrigung. Schon gleich in der ersten Woche als hoch motivierter Jurastudent, in der man noch dem Irrglauben verfallen ist, dass man mit einem abgeschlossenen Studium die Welt verbessern könnte, wird man von seinen Professoren sofort auf den Boden der Tatsachen zurückgeholt. „Blicken Sie nach rechts und nach links. Einer von Ihren Nachbarn wird dieses Studium niemals beenden". Auch wenn dies der Klassiker unter Professoren der verschiedensten Fachrichtungen ist und rein statistisch auch den Tatsachen entspricht, so müssen diese Sprüche den Studenten doch nicht gleich in den ersten Vorlesungen um die Ohren gehauen werden.

Wäre es nur bei diesen Kleinigkeiten geblieben, so hätte ich kein Wort darüber verloren. Im darauf folgenden Semester ging es aber genau so weiter. Diesmal piesackte uns ein Professor, der mittlerweile mit zweifelhaften Theorien zu fragwürdigem Ruhm gelangt ist, da er der Auffassung ist, dass im Krieg gegen den Terror die Bürger in einer ähnlichen Pflicht wie die Soldaten stünden. Ein "Bürgeropfer" müsse erbracht werden, eine im Grundgesetz verankerte Pflicht, im Kampf gegen die Soldaten Allahs notfalls sein Leben zu geben – und sei es als Passagier in der Economy-Class eines Ferienfliegers. Nachdem besagter Professor den Vorlesungssaal in verschiedene Kategorien unterteilt hatte, erklärte er einem Großteil der Studenten, dass er mit ihnen nicht zu reden brauche, da sie weder den Schein noch ihren Abschluss jemals bestehen würden. Studenten, die kein Hochdeutsch sprechen, und Ausländer, die nicht perfekt Deutsch sprechen können, sollten den Raum am besten gleich verlassen, da aus solchen Leuten keine Juristen werden sollten. Eine andere Gemeinheit über einen Professor, der an einer anderen Universität unterrichtete, kursierte auch bei uns. Er soll seinen Studentinnen während der Vorlesung gesagt haben, dass diejenigen, die ihre Tage haben, sich in die hinteren Reihen setzen sollen, weil er ihren Gestank nicht ertragen würde.

Man hätte hoffen können, dass diese teilweise suboptimalen Behandlungen durch Professoren uns Studenten zusammengeschweißt und ein Gefühl des Zusammenhalts erweckt hätten. Aber dem war leider nicht so. Das hat mich am Studium der Rechtswissenschaften am meisten schockiert: Die fiesen Intrigen unter Studenten.

In Zeiten, wo Hausarbeiten geschrieben wurden, wurden wichtige Bücher versteckt und relevante Seiten aus Fachzeitschriften herausgerissen, damit kein anderer Student davon profitieren können sollte. Einige Kommilitonen, mit denen man geglaubt hatte, sich gut zu verstehen, ignorierten einen plötzlich, wenn man sie begrüßte, da man eine Prüfung nicht geschafft oder schlechter als sie abgeschnitten hatte. Andere hingegen kannten einen nur in Zeiten, wo Hausarbeiten geschrieben wurden, da sie sich Informationen erhofften, und erkannten einen nach Abgabe der Hausarbeiten plötzlich nicht mehr.

Der Höhepunkt des „Mobbings" unter Studenten erreichte mich eines Tages durch jemanden, den ich bis dahin eigentlich zu meinen guten Freunden gezählt hatte. Wir schrieben gemeinsam an einer Hausarbeit und besprachen uns jeden Tag über den Stand der Dinge. Doch plötzlich entdeckte ich eine Schwierigkeit in der Bearbeitung, die mich über eine Woche in den Wahnsinn trieb und bei der ich nicht weiterkam. Mein Leid klagte ich selbstverständlich dem Kommilitonen, mit dem ich zusammenarbeitete. Auch dieser hing seit einer Woche am gleichen Problem. An einem Freitagnachmittag kam meine plötzliche Erkenntnis mit Hilfe einer anderen Mitstudentin, dass dieses scheinbare Problem gar keines war und ich eine Woche kostbarer Zeit vergeudet hatte. Ungeduldig wartete ich das Wochenende ab um meinen

Lernpartner meine Erkenntnis am Montagmorgen gleich mitzuteilen. Doch dieser war gänzlich unbeeindruckt. „Na klar, wusstest du das nicht?" Ich war schockiert über seine Reaktion. Es stellte sich heraus, dass er mich die ganze Zeit belogen und sich ins Fäustchen gelacht hatte, dass ich meine Zeit an einem nicht existierenden Problem vergeudet hatte. Dieses Erlebnis war mir eine Lehre. Ich brach den Kontakt zu diesem vermeintlichen Freund gänzlich ab und beschloss die Hausarbeit ganz alleine zu schreiben. Damit endete die Geschichte aber leider nicht. Ich bestand die Hausarbeit, mein früherer Lernpartner zu meiner großen Schadenfreude jedoch nicht. Dies hielt ihn allerdings nicht davon ab, überall zu verbreiten, dass ich dank seiner Hilfe meine Hausarbeit bestandet hätte. „Aber warum hast du dann die Hausarbeit selbst nicht bestanden?", war die Reaktion der anderen. So endete die Geschichte für ihn nicht nur mit einer gescheiterten Hausarbeit, sondern auch mit einem gewissen Glaubwürdigkeitsproblem, so dass die Sache für mich endlich abgeschlossen war.

(2008)

Nur in die Fresse

Inessa Molitor

Generell assoziiert man Highlight in Schule und Studium wohl mit guten Noten. Als ich mich nach einem abgeschlossenen – im Juristenkreis eher belächelten – Magisterstudium, mehrjähriger Berufserfahrung und nunmehr 31 Jahren dazu entschlossen hatte, Jura zu studieren, meinte ein befreundeter Rechtsanwalt: „Schau Dir die Supernoten Deines Erststudiums noch mal genau an. Die wirst Du so schnell nicht wieder sehen!" Und so sah ich mich schon in der ersten Vorlesung mit der Äußerung: „Gewöhnen Sie sich daran, als Jurastudent bekommen Sie nur in die Fresse!" konfrontiert. Nur wenige Wochen später sollten sich beide Aussagen bestätigen. Unter meiner Debütklausur prangte eine große 1. Leider handelte es sich nicht um die Note, sondern lediglich um einen Punkt: „Mangelhaft"! Zugegebenermaßen frustrierend. Ich hielt es überdies für sehr kleinlich, dass man keinen Anspruch aus § 433 BGB haben sollte, sondern aus dem Kaufvertrag. Juristische Spitzfindigkeiten?! Und wer kommt beim Kuchenkauf schon auf die Idee, dass man zahlreiche Rechtsgeschäfte tätigt? Kuchen, Münzen, Tüte, Einigung und Übergabe – Abstraktionsprinzip! Und denkt man als Jura-I-Dötzchen stolz in einer Klausur daran, steht fett am Rand „Fehleridentität" – von wegen Abstraktionsprinzip! Die Azzurri haben den Deutschen vor zwei Jahren zwar die WM vor der Nase weggeschnappt, aber das Abstraktionsprinzip kennen sie nicht. Eigentlich ganz sympathisch, diese Italiener – zumindest aus studentischer Sicht – die Franzosen auch, und was den Fußball betrifft, hat die DFB-Elf ja jetzt die Chance, sich zu revanchieren, schon allein des Prinzips wegen.

Jeder Studierende kennt sie, die Professoren, die sich nicht damit begnügen, an ihrem Pult zu stehen und gebetsmühlenartig den Pflichtfachstoff herunterzuleiern, jene, die engagiert den Dialog suchen, und die, die selbst in die hinterste Reihe vordringen und einem gnadenlos den Spiegel des Unwissens vorhalten. „Was hat denn A von B erworben, Frau S?" „Das Böld. (rheinische Aussprache für Bild, d. Verf.)". Es sollte eine Arie des Wortes Böld folgen, welche zu ausufernder Heiterkeit im Saal (nur nicht bei Frau S) führte. „Das Böld?" Auch auf meinem Gesicht formte sich ein Fragezeichen. O.k., über die Aussprache ließe sich reden und ein kompletter Satz wäre auch nicht das Schlechteste, aber immerhin drehte sich der Fall tatsächlich um ein Bild. „Was hat denn A nun erworben?" Schweigen im Auditorium. Alles nicht so einfach, oder doch? Für Juristen selbstverständlich: A hat natürlich (!) nicht das Bild, sondern den Besitz und das Eigentum an dem Bild erworben. Mit Verlaub, wer geht schon in einen Laden und sagt zu der freundlichen Verkäuferin an der Kasse: „Entschuldigen Sie, ich würde gern Besitz und Eigentum an dieser Sache hier erwerben." Absurde Vorstellung!

Während des Jurastudiums fragt man sich gelegentlich, wie man es überhaupt geschafft hat, in der Vergangenheit zu überleben – ohne all die Rechtskenntnisse. Da wird man rüde auf den Boden der Tatsachen geholt und merkt, dass man jahrelang einer Scheinwelt angehört hat. Da wächst man doch tatsächlich in dem (Irr-) Glauben auf, Besitz sei gleich Eigentum, bis einem das Sachenrecht die Augen öffnet. Gemein! Aber hat ja auch niemand behauptet, dass Recht gerecht sei.

Wer ja sagt, obwohl er lieber nein gesagt hätte, sollte sich die §§ 119 ff. BGB ins Gedächtnis rufen. Wussten Sie, das Rauchwaren Pelze sind? Mir war diese Erkenntnis jedenfalls über ein Vierteljahrhundert fremd. Praktisch, durch's Jurastudium was für's Leben gelernt (vielleicht kann ich's noch mal brauchen). Wer soll denn unter dem (Ein-) Druck des Ernstfalls darauf kommen, ferner, wenn sich derselbe Sachverhalt um das Vademecum des Rauchens dreht? War auch gar nicht nötig (das ist Jura!), hätte die Lösung aber immens vereinfacht. Allein der Blick an der richtigen Stelle im Gesetz wäre hilfreich gewesen. Wie für viele meiner Mitstreiter. Aber wer weiß, ob die sich heute noch an die §§ 119 ff. BGB erinnern – immerhin wird man nicht zuletzt aus Fehlern klug! So sitze ich mit zwei Non-Legal-Freunden in der Kneipe und bestelle mein Bier mit den Worten „Ich möchte diesen Teppich bitte nicht kaufen" (in der Werbung klappt's ja auch), fasel etwas von Willenserklärungen, Auslegung, objektivem Empfängerhorizont, Angebot, Annahme und ernte fassungsloses Kopfschütteln. Es entbrennt eine heiße Diskussion über arrogante Rechtsanwälte, Juristerei und vor allem Rechthaberei, die mit der Ansage endet: „Wenn Du auch so wirst, reden wir kein Wort mehr mit Dir!"

Beim Besuch meines Non-Legal-Freundes bekomme ich ein Gespräch der Nachbarn mit, dass man ihnen gar nichts vorschreiben könne, schließlich sei es ihre Wohnung, für die sie eine Menge Miete zahlen. Ha! Von wegen Eure Wohnung. Ihr habt allenfalls ein Recht zum Besitz. Eigentümer ist .., werde aber in meiner gedanklichen EBV-Aufdröselung durch die Aussage meines Kumpels, der in einem Urlaubsprospekt blättert, unterbrochen. Man könne sich ja ein Auto leihen. Ich bin fast geneigt zu sagen, dass man sich beim Autoverleih keinen Leihwagen leiht, sondern einen Mietwagen mietet. Verkneife es mir aber in der Hoffnung, dass dieser Artikel meinen Freunden niemals in die Hände fällt.

(2008)

Deutschland sucht den Superjuristen

Jochen Barte

Böse Zungen behaupten ja schon seit längerem, dass das Jurastudium und insbesondere das juristische Staatsexamen sich für den herkömmlichen Studenten in der Essenz als ein verunglücktes, praxisfernes Patchwork aus administrativer Faulheit, individuellem Machtwahn von Seiten einiger Professoren und elaborierter Fallenstellerei in den Klausuren darstellt.

Dem soll an dieser Stelle einmal nachdrücklich widersprochen werden. Ich bin nun nämlich davon überzeugt, dass die ganze Schinderei und der destruktive Umgang mit Menschen einem höheren Ziel dienen. Einem Ziel, das ich bislang, abgelenkt von dem selbstreferentiellen Notenfetischismus, der in diesem System herrscht, noch nicht hinreichend gewürdigt hatte - wie es im Juristenjargon immer so schön heißt.

Dass mir diese Erkenntnis erst jetzt und nicht schon viel früher zu Bewusstsein gekommen ist, mag u. A. auch daran liegen, dass mein Allgemeinbildungsniveau vielleicht nicht ganz so angetrashed ist, wie meine Freunde immer behaupten. Denn sonst hätte ich dieses merkwürdige Déja-vu, das ich beim Angucken der letzten Castings von „Deutschland sucht den Superstar" hatte (unter Kennern DSDS), sicher schon viel eher erlebt.

Zugegeben, es ist sicher so, wie einmal in einer renommierten deutschen Wochenzeitschrift behauptet wurde, – und ich kann das aus eigener Anschauung bestätigen – dass sich die intellektuellen Interessen von Juristen gemeinhin zwanglos aufs Skatspielen reduzieren lassen. Aber so weit zu gehen und DSDS gucken…

Jedenfalls durchzuckte es mich, als ich mit ansehen musste wie Dieter Bohlen wieder einmal so einen armen Teufel mit vulgären Kommentaren malträtierte und ich dachte sofort: So ähnlich war das doch damals auch bei deinem Ersten Staatsexamen. Hier eine bis zur völligen intellektuellen Bewusstlosigkeit durch-kommerzialisierte Panelshow mit Bohlen als Einpeitscher und großem Zampano, dort eine Runde aus drei Prüfern und einem Vorsitzenden, der einen anschreit und unterbricht. Die formalen und inhaltlichen Gemeinsamkeiten waren überdeutlich. Zumal sich der Vorsitzende auch stilistisch ganz á la Bohlen verhalten hatte. Während er mich mit Fragen der Sorte „Worin sehen sie die funktionale Bedeutung des Systems der freiwilligen Gerichtsbarkeit?" traktiert hatte, hatte er von meiner adretten blonden Nebenfrau, neben anderen Banalitäten, lediglich freundlich lächelnd wissen wollen, wie denn die gesetzliche

Erbfolge so beschaffen sei. Von Notenverbesserung konnte da keine Rede mehr sein, da konnte es nur noch darum gehen zu überleben und irgendwie den Recall, das Referendariat, zu erreichen. Eine frustrierende Erfahrung. Ich verstand damals aber freilich noch nicht, dass man dem Vorsitzenden, der wie Bohlen im Dienste einer höheren Idee agiert, eine unhinterfragbare Einschätzungsprärogative prima facie zubilligen muss.

Mit einem Mal wurde mir so plötzlich klar, worum es bei all den nur scheinbar altbackenen und pseudoelitären Prüfungsritualen eigentlich geht. Es geht um den juristischen Traum schlechthin. Es geht darum, den Superjuristen zu finden, eine Spezies sui generis also, die alles kann, alles weiß und das, was sie vielleicht doch mal nicht weiß, brillant - entweder de lege lata oder de lege ferenda - aus dem Gesetz deduzieren kann. Was auch erklärt, warum es in den gängigen Landesprüfungsordnungen in Bezug auf die Prüfungsanforderungen zum Ersten Staatsexamen immer heißt: „Arbeitsrecht im Überblick", „Europarecht in den Grundzügen" etc., selbst wenn der betreffende Kandidat diese Fächer gar nicht als Prüfungsfächer angegeben hat. Diese im Kern völlig unscharfen Bestimmungen sind keine gängelnden Schikanen durchgeknallter Apparatschiks auf Extasy. Sie sollen vielmehr dazu beitragen, den oben genannten Zweck zu erreichen. Denn von angehenden Superjuristen kann natürlich erwartet werden, dass sie auch die subtilsten und verästeltsten Implikationen einer Rechtsnorm – gleich auf welchem Gebiet – immer sofort mitdenken und systematisch verorten können. Logisch auch, dass dabei keine Rücksicht auf individuelle Empfindlichkeiten genommen werden kann, geschweige denn, dass man sich selbst eine gewisse Etikette des Anstands verordnen müsste. Der hohe Zweck heiligt bekanntlich die Mittel und die dürften ja dann dazu führen, dass dieser Superjurist die strukturellen Probleme dieses Landes löst – wenn man ihn endlich vermittels einer dieser juristischen Castingshows, die mehrmals jährlich ablaufen, findet.

Es stimmt daher überhaupt nicht, dass sich im juristischen Prüfungssystem der preußische Autokratismus nahezu unverändert erhalten hat. Nur ein böswilliger 4-Punkte-Jurist, der sich seinen Verstand mit der übermäßigen Lektüre von Tucholsky-Texten vernebelt hat, würde das jemals behaupten. Denn das, was bei laienhafter Betrachtung vielleicht wie die Tradierung von vormodernen autokratischen Willkürlich- keitsstrukturen aussieht, ist in Wahrheit ein filigranes, hoch abstraktes System zum Wohle der Allgemeinheit – und der Rechtsfindung selbstverständlich. Ich hatte es nur nicht gleich begriffen. Nun aber, Bohlen sei Dank, weiß ich es besser und ich rufe all denen, die da noch vor dem Ersten Staatsexamen zittern zu: Auf zum Recall! Tschaka, du schaffst es.

(2008)

UFOs über Bielefeld

Thomas Claer

Es gibt im Menschenleben Augenblicke, in denen entscheidet sich das eigene Schicksal. Jetzt umkehren oder doch den eingeschlagenen Weg fortsetzen? Lieber ein Ende mit Schrecken oder besser Augen zu und durch? Diese Fragen stellen sich dann – und niemand nimmt sie einem ab.

Es muss wohl im vierten oder fünften Semester gewesen sein und war der Tiefpunkt meiner juristischen Karriere. Niemals hätte ich geglaubt, durch eine Hausarbeit fallen zu können. Eine gewisse Rest-Arroganz aus gymnasialen Tagen hatte sich bei mir noch erhalten. Wer nicht ganz blöd ist und vernünftig arbeitet, der muss es doch irgendwie schaffen, nicht zu den dreißig oder vierzig Prozent Losern zu gehören, dachte ich, zumal es bei den kleinen Scheinen ja auch irgendwie geklappt hatte. Aber weit gefehlt! Diesmal waren es nicht einmal 15 Prozent der insgesamt vielleicht fünfhundert Teilnehmer, die das Klassenziel nicht erreicht hatten, und unter meiner großen Hausarbeit im Zivilrecht stand: mangelhaft (2 Punkte). Was es noch schlimmer machte: Ich hatte viereinhalb Wochen lang wirklich mein Bestes gegeben. Da tröstete es wenig, dass zwei Kommilitonen aus meiner Lerngruppe, in der wir uns nach langer

Diskussion auf einen gemeinsamen Lösungsweg geeinigt hatten, das gleiche Schicksal ereilt hatte. Genau genommen waren es jene beiden, die wie ich zur ersten Hälfte der zweigeteilten Übung (Nachnamens-Buchstaben A-K) gehörten. Die beiden anderen Mitstreiter, die unter L-Z fielen, lagen mit jeweils 5 Punkten über dem Strich. Ich glaubte zuerst an ein Missverständnis, was sich doch sicherlich noch irgendwie aufklären lassen würde. In der Fallbesprechung vor Rückgabe der Arbeiten hatten wir doch alle mit großer Befriedigung festgestellt, im Ergebnis exakt die Musterlösung des Falles getroffen zu haben. Doch stand unter meiner Arbeit (wie unter denen meiner Leidensgenossen) etwas von schwerwiegenden Mängeln im Aufbau. Tatsächlich, die Punkte drei und vier der Prüfung des entscheidenden Anspruchs – es war irgendwas mit einer Hypothek – hatten wir andersherum bearbeitet, als es in der offiziellen Musterlösung stand. Aber unser Prüfungsschema hatten wir uns doch nicht ausgedacht, sondern auch nur irgendwo angelesen! Noch am selben Abend schrieb ich, wie meine zwei unglücklichen Mitstreiter, ein ausführlich begründetes Bittgesuch an den Dozenten, der für die Buchstaben A-K verantwortlich war. Mit dieser Methode hatte ich früher bei einer „kleinen" BGB-Klausur schon einmal Erfolg gehabt. Doch nach einer Woche kam das niederschmetternde Ergebnis: Es bleibe dabei wegen schwerer Mängel im Aufbau. Unsere

Prüfung sei unlogisch. Fand ich nicht, aber das half ja nun auch nicht mehr.

Bevor ich mir den neuen Sachverhalt für die Wiederholer abholte, kamen mir sehr grundsätzliche Zweifel, ob ich mir das überhaupt noch antun sollte. Ich war auch einfach wütend. Was ist das für eine merkwürdige Wissenschaft, fragte ich mich, für die man wegen einer blöden Abweichung vom Schema F mehrere Wochen umsonst gearbeitet hat? Damals kam es mir noch nicht in den Sinn, dass es sich bei der juristischen Ausbildung auch um ein mentales Training handeln könnte, um die Vermittlung von Härte im Nehmen, von Steher- und Wiederaufsteher-Qualitäten. Das Jurastudium, so sehe ich es heute, lehrt einen, die Kontingenz und Absurdität der Welt zu ertragen. Wer sich von solchen Dingen (die wohl jeder Jurist in ähnlicher oder schlimmerer Form schon erlebt haben wird) nicht entmutigen lässt, wer da durchkommt, den wirft so schnell nichts mehr um. Dass aber das Studium der Rechte, wie böse Zungen sagen, den Charakter verdirbt, dass es egoistisch und verschlagen mache, wer wollte da widersprechen? Schon weil niemals alle bestehen können und es immer Lerngruppen gibt, die anderen deshalb wichtige Informationen vorenthalten und die entscheidenden Bücher in der Bibliothek verstecken oder wichtige Seiten herausreißen. Und dann werden die jeweils hübschesten Mädchen zum Spionieren in die anderen Gruppen geschickt. Perfide! Zum

Intriganten wird man im Jurastudium also auch ausgebildet.

Ich glaube, ich fand es letztlich nur schade und verschwenderisch, meine bereits erworbenen Scheine einfach verfallen zu lassen. Viele andere Semester-Kollegen, mit denen wir das Studium begonnen hatten, waren schließlich schon auf der Strecke geblieben. Nur deshalb machte ich wohl damals überhaupt noch weiter.

Die Nachschreibe-Arbeit schrieben wir also zu dritt, parallel zu den regulären Lehrveranstaltungen. Verbunden mit dem ständigen Gedanken, sich keinen weiteren Fehltritt mehr erlauben zu können, brachte mich das am Abend vor dem Abgabetermin in einen Zustand völliger Erschöpfung. Und auf dem Weg von der Bibliothek ins Wohnheim, es war ein Uhr Nachts (In Bielefeld sind die Öffnungszeiten vorbildlich extensiv!), da bemerkte ich am Himmel drei kleine Lichtpunkte, die sich in Zickzacklinien bewegten. War es eine Sinnestäuschung infolge der Überanstrengung oder eher eine Spätfolge meiner ausgiebigen Lektüre der Bücher des Erich von Däniken in Teenagertagen? Ich weiß es bis heute nicht mit Bestimmtheit zu sagen. Schnell ging ich ins Wohnheim und schlief sofort ein. In der Hausarbeit bekam ich 10 Punkte. Es gibt eben Dinge zwischen Himmel und Erde, die gibt's gar nicht.

(2008)

Hauptsache voll

Inessa Molitor

Als ich noch friedlich auf Magister studierte, war ich weit davon entfernt ein „ausreichend" als gute Note zu bezeichnen und „Vier gewinnt" kannte ich lediglich als Strategiespiel. Nun ja, es ist nicht alles schlecht am Auslaufmodell Magisterstudium, im Gegenteil, immerhin werden Klausuren nicht allein nach Lösungsskizzen und Stichwörtern korrigiert und man weiß, was man hat: Wo „Prädikat" drauf steht, ist immerhin ein „sehr gut" drin. In 2002 war ich tief beeindruckt, als mir ein befreundeter Jurist erzählte, dass er, nachdem er durchs Erste Staatsexamen gerasselt war, dieses im zweiten Anlauf mit Auszeichnung bestanden hatte. Respekt! Ich sollte erst einige Zeit später erfahren, dass die Gleichung Prädikat = sehr gut gar nicht aufgeht – zumindest nicht im mathematischen Sinne.

Bekanntermaßen müssen Jurastudenten für vier Punkte mindestens 50 % der Fragestellung richtig beantworten, um sich über ein „ausreichend" zu freuen, als hätten sie ein „sehr gut" geschrieben. So gibt es Professoren, die ambitionierten Erstsemestern sodann auch gleich erklären, dass all diejenigen, die auf dem Gymnasium noch Einser und Zweier geschrieben haben, sich nun mit dem Gedanken anfreunden müssten, dass ein „ausreichend" eine gute Note sei. Klar, wer kennt sie nicht, die Stellenanzeigen großer Sozietäten: „Sind Sie ein Gewinnertyp? Sie haben Ihr Examen mit mindestens „ausreichend" bestanden? Dann stehen Ihnen alle (juristische) Türen offen. Bewerben Sie sich jetzt." Sicher!, vier gewinnt immer… Nein, im Gegenteil, Erfolg ist denjenigen vorbehalten, die mindestens ein Prädikatsexamen vorweisen können. P r ä d i k a t, in Worten: mindestens „voll befriedigend". Als ich mich also selbst das erste Mal mit der Jura-Notenskala konfrontiert sah, wurde mir sogleich die Illusion genommen, ein Prädikat sei ein „sehr gut". Obwohl es das insgeheim unter der Juristen eigenen Weise doch ist. Man könnte auch sagen: ein „halb sehr gut" oder möglicherweise ein „aliud". So erklären Kollegen nämlich gern, dass ein „voll befriedigend" einem „sehr gut" anderer Studiengänge gleich zu setzen sei. Aber warum bezeichnet man es dann nicht auch so? Und wenn man schon eine Note zwischen „drei" und „zwei" einfügt, warum gibt es dann eigentlich kein „krass gut" oder „übelst ungenügend"?

Die besten Geschichten liefern die Studierenden selbst. Üblicherweise hängen die Klausurenergebnisse mitsamt Notenspiegel am jeweiligen Lehrstuhl aus. Da kann man es dann schwarz auf weiß sehen, wie viele Konkurrenten die Hürde zum Prädikat genommen haben. Und tatsächlich schaffen einige wenige das begehrte

„voll befriedigend", manchmal ist sogar das ein oder andere „gut" dabei (Streber), ein „sehr gut" ist (wenn überhaupt) nur den Jura-Überfliegern oder denjenigen, die mit Nerven aus Drahtseilen Schemata in ihren Schönfelder heften, vorbehalten. Die meisten Matrikelnummern tummeln sich im Bereich „ausreichend" (Reminder: ausreichend = gute Note). Immerhin können sich Kandidaten mit sechs Punkten damit trösten, dass sie nur knapp an einer „Drei" vorbeigeschrammt sind. Und wer diese erreicht, kann sich die Note mit der Nähe zum „voll befriedigend" (P r ä d i k a t) schön reden. Aber selbst bei Klausuren mit einer Durchfallquote von 60 % und mehr sind die Studierenden dieser Kategorie nicht mehr auffindbar. Die Abschlusstests als Bermuda-Dreieck der Erfolglosen. Egal, welchen Mitstreiter man fragt, er hat bestanden. Aber nicht nur das, plötzlich sind auch die „Vier gewinnt-Kandidaten" verschwunden, wenn schon eine „Vier", dann zumindest mit sechs Punkten. Vermutlich sind einfach bereits seit Jahren die Aushänge an den Lehrstühlen falsch. Judex non calculat!

Studierende der Rechtswissenschaften müssen in der vorlesungsfreien Zeit Hausarbeiten schreiben. A l l e Jurastudierenden. Man sitzt also im selben Boot – könnte man meinen. Aber anstatt, dass man sich gegenseitig hilft, werden benötigte Bücher versteckt, um sich im Kampf um Prädikate den nötigen Vorsprung zu verschaffen.

Und so darf man unter gefühlten 1.000.000 Signaturen das dringend benötigte Exemplar suchen. Gelingt einem das schier Unmögliche und hält man es endlich in den Händen, ist entweder die Bearbeitungszeit verstrichen oder die relevanten Seiten sind herausgerissen. Ganz davon abgesehen, dass da einige in Strafrecht nicht aufgepasst haben, ist das Verhalten an sich wohl bereits verwerflich. So macht vielen Studierenden zwar das Trennungs- und Abstraktionsprinzip zu schaffen, beim Ellenbogenprinzip laufen sie jedoch zur Höchstform auf.

Seit Einführung der universitären Schwerpunktbereiche zieren zwei Abschlussnoten das begehrte Examenszeugnis: Die Note des staatlichen Teils und die der universitären Prüfung. Nunmehr kursiert das Gerücht, in der Praxis falle der alles entscheidende Blick nur auf den staatlichen Teil. Setzt sich demnach die Note aus einem „gut" (Universität) und einem „befriedigend" (staatlicher Teil) zu einem „voll befriedigend" (Prädikat) zusammen, bliebe unter dem Strich lediglich ein „befriedigend" (kein Prädikat) übrig. Sollte dies tatsächlich der Fall sein, ist der Bogen um die Noten, ob nun mit oder ohne Prädikat, jedenfalls eines: voll überspannt.

(2009)

Tagebücher

Alexa – geheime Aufzeichnungen einer anonymen Rechtsreferendarin (2003-2005)

Im Angst- und Panikstrudel

Dienstag, der 28. Januar 2003

Liebes Tagebuch,

heute war wieder Einführungskurs für die Strafstation. Die Referendare sahen aus wie "Häschen-vor-der-Schlange", den angstvollen Blick auf den AG-Leiter gerichtet, der von den schrecklichen Praktiken des Justiz-Prüfungsamtes erzählte.

Alle fühlen sich sehr klein mit Hut. In der Pause wird die Angst weiter geschürt: "Wann machst du Rep?" "Wie viel Klausuren schreibst du?" "Welcher Repetitor ist der beste?"

Ich will das NICHT MEHR. Ich will nicht wieder in diesen ANGST- und PANIK-Strudel hineingerissen werden. Ich will mich einfach nur auf das Examen vorbereiten und nicht vorbereiten auf das Vorbereiten.

Am Abend habe ich die Angebote im Internet sondiert. Der günstigste Klausuren-Kurs kostet 33,- Euro. Ich habe gar keine Wahl. Zu meinem Einstellungstermin wurden die Bezüge gekürzt. Die neueste Schönfelder-Nachlieferung konnte ich auch noch nicht abholen. Wenn ich bei meinem Staatsanwalt den Gesetzestext falsch zitiere, werde ich sicher in die Asservatenkammer gesperrt. Dort kann ich es mir dann zwischen russischen Kalaschnikows und kleinen Damen-Revolvern gemütlich machen.

Ok, Berlin steht schlecht da. Das bekommen natürlich auch die untersten in der Nahrungskette zu spüren. Und das sind in der Justiz nun mal wir, die Referendare.

Ich fühle mich wie ein ausgequetschtes Würstchen. Das kann doch nicht sein! Ich habe doch schon zwei Jahre gearbeitet. Ich habe doch schon mit Anwälten von Clifford Chance und Freshfields konferiert. Ich stand doch schon auf der guten Seite.

Es geht das Gerücht, dass die "Durchfaller" im Keller des Moabiter Strafgerichts Akten sortieren müssen. Mit meiner Hausstaubmilben-Allergie würde das für mich den sicheren Tod bedeuten. Aber so geht man eben mit Losern um.

Gute Nacht, liebes Tagebuch, und wünsch mir Glück!

P.S. In der AG habe ich meine Tischnachbarin beobachtet. Sie hat eine von diesen neuen Schönfelder-Wippen. Damit man sich beim Lesen nicht den Hals verrenkt. Im Buchhandel gibt's jetzt auch den praktischen Jute-Beutel in Schönfelder-Passform. Muss man sich den jetzt eigentlich holen oder wäre das schon der Beginn vom Ende?

Deine Alexa

Zu viel Gemecker!

Liebes Tagebuch,

heute Mittag habe ich am Bahnhof Friedrichstraße im Asia-Snack gegessen und wurde unfreiwillig Zeugin eines Gesprächs zwischen zwei Damen, die ganz offensichtlich im Bundestag arbeiten, also in dem Haus, aus dem die Gesetze kommen, mit denen wir uns jeden Tag voller Begeisterung beschäftigen.

Ihr Gespräch bestand aber nur aus Lamentieren, über Abgeordnete, über Referenten, über schlechte Bezahlung, über schlechte Mitarbeiter... Das einzige, was eine der beiden zu einem müden Lächeln bewegen konnte, war, dass sie in diesem Jahr noch zwei Monate Urlaub habe, inklusive Überstundenabarbeitung versteht sich.

Und da, liebes Tagebuch, fühlte ich mich auf einmal ertappt. Ich habe nämlich auch schon alle meine Urlaubstage, die mir das Kammergericht in diesem Jahr gewährt, minutiös verplant. Es gibt nichts Schöneres, als während der AG oder in der Bibliothek mit den Gedanken abzuschweifen und daran zu denken, dass ich im August zwei Wochen an die Ostsee fahre - so ich denn von der mageren Beihilfe bis dahin genug angespart habe oder andere gutmeinende Spender finde.

Dann fiel mir noch etwas ein: Auch wir Referendare meckern eigentlich ganz schön viel, über besagte niedrige Beihilfe, über fiese Ausbilder, über schlechte AG-Leiter, über das nahende Examen, über teure Kommentare und überhaupt alles, was uns irgendwann einmal zu Volljuristen macht.

Das ist eigentlich ziemlich doof von uns. Warum sagen wir nicht mal, ich darf das Referendariat machen. Ich darf heute wieder fünf Anklagen vertreten. Ich darf morgen in die Bibliothek gehen und zwischen einem Wald von Büchern über die Haftprüfung nach 112 und 117 StPO nachdenken, oder über den Begriff "gemeinschaftlich" in 25 II und 224 I 2 Nr. 2, und dabei ab und zu mal zu dem feschen Jungjuristen mit dem schnellen Notebook herüberblinzeln. Was kann es Schöneres geben?

Das wäre mal ein richtig toller Weg der Selbstmotivation. Vor langer Zeit hat ein Anwalt zu mir gesagt: "Die Ideen liegen auf der Straße, Sie müssen sich nur trauen." Da ist doch mal einer, ein richtiger Motivator. A propos, in einem

Buch über dieses Thema las ich, man solle sich von Pessimisten, Miesepetern und Schlechtrednern fern halten. Die wären die absolute Motivationskiller. Das merke ich mir - für mein nächstes Mittagessen und für meine Referendarskollegen.

Deine Alexa

(April 2003)

Jung und nett

Liebes Tagebuch,

gestern war ich seit langer Zeit mal wieder im Freibad und hatte es mir gerade auf meinem Handtuch gemütlich gemacht. Auf einmal schlug eine kleine Rasselbande von acht- bis zehnjährigen Jungs neben mir auf. Erst spielten sie Fußball im Sandkasten und einem armen blässlichen Kind, das dort eifrig schaufelte, flog dauernd der Sand ins Gesicht. Ich wollte schon eingreifen, als ein Streit zwischen zweien entbrannte. Die anderen scharrten sich um sie und riefen laut "Baby-Kampf, Baby-Kampf!". Zuerst dachte ich: Ach, lass die Kinder machen. Das gehört dazu. Als sie sich mir jedoch bis auf ca. 80 cm näherten und beiden schon die Tränen in die Augen stiegen von den vielen Tritten, die sie sich gegenseitig verpassten, fühlte ich mich doch berufen, etwas zu tun. Ich packte also den kleineren am Arm und in der Hoffnung, erhört zu werden, sagte ich laut: "Nun hört schon auf Euch zu prügeln! Was soll denn das?" Und was passierte? Ein kleiner postierte sich vor mir und sprach: "Lassen Sie ihn los. Er kann Sie anzeigen!".

Was war das? Ich, die Jung-Juristin, wurde von so einem Jüngelchen aufgeklärt, wenn nicht sogar zurecht gewiesen? In meiner Rage fiel mir nichts Besseres ein und ich rief: "So ein Quatsch! Ich bin Juristin!"

Er sagte dann nichts mehr. Ob es daran lag, dass er tatsächlich eingeschüchtert war? Das glaube ich nicht. Wahrscheinlich wunderte er sich ziemlich über mich. Ich überlegte dann noch, ob es irgendeinen schlauen Satz gab, den ich schnell hätte hinterher schicken können, sozusagen um meine Kompetenz nachzuweisen. Ich schrie: "Ihr seid nicht befugt Euch hier zu prügeln!". Ich glaube, damit habe ich mich dann komplett lächerlich gemacht. Ich habe schließlich mein Handtuch genommen und mich woanders hingesetzt.

Ach, manchmal zweifle ich wirklich daran, ob ich jemals zu einer guten Juristin taugen werde. Aber vielleicht gibt es ja noch einen anderen Weg, zu Geld zu kommen. Kürzlich entdeckte ich bei der Berliner Morgenpost online diese Anzeige:

- Rechtsanwalt (39 J, ledig) mit eigenen sehr gutgehenden RA-Kanzleien in HH und Berlin su jg. nette Kollegin (o. RA) f. berufliches, vielleicht auch privates Zusammenwirken. festanstellung o. teilzeit mögl. (Gehalt) bis 5000,- Euro; auch Anfänger!

(Anzeige aus ... vom 27.4.03)

Jung und nett? Trifft ungefähr auf mich zu. Privates Zusammenwirken? Für 5000 € im Monat würde ich mir das mindestens überlegen. Ich glaub ich bewerbe mich mal pro forma. Drück mir die Daumen!

Deine Alexa

P.S. "auch Anfänger!" Auf welchen Bereich sich das wohl bezieht? Ich bin gespannt!

(Juni 2003)

Die Sinn-Fragen

Liebes Tagebuch,

jetzt beginnt wieder diese bittere Zeit. Diese Zeit des Lernen-Müssens und Nicht-Lernen-Wollens.

Diese Zeit des schlechten Gewissens und die Zeit der vielen Stunden in der Bibliothek, in denen man sich fragt: Warum in aller Welt habe ich mich eigentlich für die juristische Ausbildung entschieden? Geht es eigentlich auch Studenten anderer Fachbereiche so oder ist das ein typisches Juristen-Phänomen? Ich glaube, zu keiner Zeit unseres Lebens stellen wir uns so viele Sinn-Fragen, wie in der Vorbereitung des Examens. Zu keiner Zeit vergießen wir so viele Tränen, gehen so oft zum Arzt, putzen so gründlich unsere Wohnung und reden so viel mit Freunden darüber, wie man eigentlich am besten lernt, anstatt es einfach zu tun.

Dazu kommt, dass wir in den letzten Monaten von Ausbildern gequält worden sind, klein gehalten wurden und uns wie dumme kleine Wichte gefühlt haben. Die Moral ist also ohnehin nicht so gut. Ist es eigentlich eine Art Volks-Sport, Referendare schlecht zu behandeln? Ich bin ja bisher noch ganz gut weggekommen, außer dass ich meinen Ausbilder in der letzten Station tatsächlich insgesamt nur ungefähr 3 Stunden zu Gesicht bekommen habe. Andere hätten sich darüber wahrscheinlich gefreut – ich fand's irgendwie unbefriedigend (Bin ich spießig?). Aber natürlich allemal besser, als sinnlos seine Zeit abzusitzen, als als Kaffee-Kocher und Akten-Träger missbraucht zu werden oder sich von frustrierten Staatsanwälten die Akten um die Ohren hauen zu lassen. Ja, es gibt tatsächlich Ausbilder, die ihre Referendare anbrüllen. Merkwürdig. Ob aus uns auch eines Tages solche frustrierten Verwaltungs-Schimmel werden? Hoffentlich nicht. Aber da sind sie wieder, die Sinn-Fragen. Ich könnte schon längst Mutter zweier, nein dreier Kinder sein. Ich könnte in einem Beruf schon in wenigen Monaten so viel Geld verdient haben, wie ich während meiner gesamten Referendarzeit jetzt nicht bekomme. Aber vielleicht lohnt es sich ja doch, vielleicht kommt ja doch eines Tages dieser Aha-Effekt oder dieser Stolz auf das, was geschafft worden ist oder doch der Gedanke: Es war gut so. Ich bereue es nicht. Hoffentlich!

Deine Alexa

(September 2003)

Kopf und Körper

Liebes Tagebuch,

was für Jobchancen habe ich eigentlich als angehende Juristin? Sind sie besonders gut, weil ich ein Mädchen bin? Oder sind sie gerade deswegen besonders schlecht? Muss ich besser sein als jeder Mann und dann auch noch rasend gut aussehen, um in einer großen Kanzlei zu landen? Muss ich eidesstattlich versichern, dass ich mich habe sterilisieren lassen, damit die „Gefahr" Schwangerschaft definitiv ausgeschlossen werden kann? Oder reicht es, wenn ich mit sieben Punkten dort aufschlage und den Entscheidungsträger mit der richtigen Technik bearbeite?

Mein Staatsanwalt hat mir auf jeden Fall einen „jewissen Charme" attestiert, und wir frotzelten darüber, dass ich diesen auch in der Mündlichen einsetzen müsste, um die schriftlichen Noten auszubügeln. Wird das wirklich so sein und, meinte der das ernst? Meinte ich das ernst? Reicht es nicht, wenn ich meine grauen Zellen anstrenge?

Wie wäre es eigentlich, wenn Prüfer so blind wären wie Justitia? Würden dann mehr Frauen durchs Staatsexamen fallen, weil sie ihr „jewisses" etwas nicht mehr einsetzen könnten? Männer behaupten, Frauen bekämen einen Bonus in der mündlichen Prüfung. Frauen behaupten, sie würden schlechter behandelt, weil alle Prüfer männlich sind und denken, dass Frauen ja eigentlich hinter den Herd gehörten und nicht ins Gericht.

Wie kann ich nun meine Berufschancen steigern? Soll ich weiter in meine Ausbildung oder lieber – wie jüngst in der Financial Times angeraten – in eine neue Nase investieren? Die Nase ist eigentlich ganz o.k., aber an anderen exponierten Stellen könnte man noch arbeiten.

Nichts als Fragen. Es bleibt mir wohl nur übrig,

abzuwarten und auf faire Arbeitgeber zu hoffen. Oder ich verbinde Kopf und Körper zu einer unschlagbaren Einheit und kriege so doch, was ich möchte. Weil ich ein Mädchen bin.

Deine Alexa

(Oktober 2003)

Der Präsident, der nicht kam

Liebes Tagebuch,

kürzlich wurde ich Zeugin einer skurrilen Vorstellung. Das JPA hatte ein Vorbereitungsgespräch mit dem Präsidenten zur Vorbereitung auf das Zweite Staatsexamen angekündigt, und das schon vor Monaten. Die Erwartungen gingen also geradezu ins unermessliche. Wer nicht kam, war der Präsident. Er hatte stattdessen einen Strafrechtler geschickt, der über Zivil- und Ö-Recht ungefähr so viel wusste, wie ich. Die interessanten Fragen wurden abfällig abgeschmettert. Ob wir im Gesetzestext Unterstreichungen vornehmen dürften? Na, wenn das Buch aus dem Laden kommt, sind doch auch keine Unterstreichungen drin, oder etwa doch??? Genau darauf hatte die waidwunde Seele des Referendars gewartet. Auf die Frage nach den Anforderungen an die Kenntnis der zivilrechtlichen Nebengebiete gab er uns die Telefonnummer der zuständigen Sachbearbeiterin im JPA. Ob die sich sehr darüber freut, wenn jetzt 204 Referendare bei ihr anrufen?

Anstatt auf die Prüfungstermine einzugehen, wurden haarklein die Sachverhalte und Lösungen der letzten Kampagne vorgetragen. Allein das nahm mindestens zwei Stunden in Anspruch. Der gemeine Referendar hat aber vier Monate vor dem Examen viel wichtigere Dinge zu tun, als sich so was anzuhören. Höchstfrustrierend!

Sowieso greift der Frust um sich. Die Stimmung in der AG ist oft gereizt. Gehen wir jetzt schon alle auf dem Zahnfleisch? Wie soll das erst um die liebe Weihnachtszeit werden, wenn die Uhr langsam aber sicher abläuft? Mir schwant böses.

Zum Ausgleich habe ich am Wochenende den Yoga-Intensiv-Kurs für Personen mit sitzender Tätigkeit besucht. Zumindest physisch bin ich also jetzt optimal auf die anstehenden Monate vorbereitet, in denen ich mich vornehmlich sitzend in der Bibliothek aufhalten werde – oder zumindest sollte. Jetzt fehlt nur noch der zündende Motivations-Funke und dann kann's losgehen.

Mein Stationsanwalt sagte neulich, nie wieder hätte man so viel Zeit für sich, wie im Referendariat. Ich weiß, es sollte aufbauend wirken. In meinen Ohren klang es einfach nur sarkastisch. Um das Lernen doppelt schwer zu machen, wird neben dem juristischen Seminar gerade eine Tiefgarage gebaut. ZPO lernen im Bohrertakt, das bringt richtig viel Spaß! Ich hoffe auf bessere Zeiten,

Deine Alexa

(Oktober 2003, bisher unveröffentlicht)

Die optimale Lernzeit

Liebes Tagebuch,

wie viel Zeit braucht man eigentlich, um sich auf das zweite Staatsexamen vorzubereiten? Achtzehn, sechs oder drei Monate, oder sogar nur drei Wochen? Auch mit letzterem Aufwand kann man ein „Befriedigend" schaffen. Eine Freundin hat es vollbracht. Manch anderer Kandidat hatte schon im Sommer den kompletten Stoff drei Mal durch und schreibt trotzdem schlechte Übungsklausuren.
Noch einsamer als vor dem Ersten Examen stehe ich da und weiß nicht recht, wie ich das alles angehen soll. Das Schlimme ist: Andere Leute zu fragen, macht es auch nicht besser. Jeder rät etwas anderes. Materielles Recht pauken oder nur Klausuren schreiben, private Lern-AG, Repetitor oder alles miteinander kombinieren? Über das Grübeln verstreichen die Tage und das Examen rückt unaufhaltsam näher.

Sicherheitshalber habe ich doch noch den Klausuren-Kurs mit Besprechung gebucht und hoffe auf die positive Wirkung des Miteinanderlernens und dass wir uns alle gegenseitig Mut machen … obwohl, ob das unter Juristen überhaupt möglich ist? Wenn ich mich in der Bibliothek umgucke, sehe ich nicht offensive, zupackende und dynamische Menschen sondern bleiche, leicht ängstliche Gestalten. Die Gesichtsfarbe kann zur Not mit Selbstbräuner aufgepeppt werden, aber die Angst? Sie kommt schon morgens, bevor der Wecker klingelt und verflüchtigt sich erst dann langsam, wenn ich aktiv werde.

Loslegen ist wohl der Schlüssel. Vielleicht ist es gar nicht so wichtig, worin genau das besteht. „Es gibt nichts Gutes, außer man tut es", hat schon der kluge Erich Kästner gesagt und meine Mutter wird nicht müde, mir diese Weisheit einzupflanzen.

Also tue ich was. Meinen Lernplan habe ich gestern noch mal komplett umgeworfen. Jetzt ist er hoffentlich gut ausgefeilt. Und was die optimale Vorbereitungszeit betrifft: Ich probiere es mit zwei Monaten und einer Woche. Genau so viel Zeit ist es noch bis zur Februar-Kampagne. Wenn ich das hochrechne im Vergleich zu dem Drei-Wochen-Lernen-Ergebnis, dann kann dabei doch noch etwas Ordentliches herauskommen!

Deine Alexa (Dezember 2003)

Die Fertigmacher

Liebes Tagebuch,

heute habe ich etwas ganz grausliches gesehen: eine mündliche Prüfung im zweiten Staatsexamen im JPA Brandenburg. Ich habe nur zugehört, aber mir zittern immer noch die Knie. Warum werden da eigentlich knapp dreißigjährige Absolventen nach Strich und Faden fertig gemacht, wie kleine Kinder?

Der Vorsitzende war ein Richter vom Bundesverwaltungsgericht, also sicherlich juristisch hoch begabt. Er hat außerdem ein Buch über den Aktenvortrag geschrieben. Man sollte also meinen, dass er sich einmal im Leben mit der Seelenlage des Prüflings auseinandergesetzt hat – zumal er seine langjährige Erfahrung als Prüfer auch heute rühmte.

Aber nichts da. Zunächst einmal hörte er sich selber so unheimlich gerne reden. Ist das eigentlich eine typische Eigenschaft von Juristen? Nicht, dass man sich als Prüfling danach sehnen würde, ständig drangenommen zu werden. Aber die Chance, ein bisschen was zu sagen, wäre dann doch ganz schön. Aber sobald ein Prüfling zur Antwort ansetzte, wurde er sofort unterbrochen. „Wiederum! Sagen sie nicht wiederum! Damit legen Sie sich doch jetzt schon fest!". Wenn jemand eine Frage nicht verstand – nicht alle Prüfer verstehen es, verständlich zu fragen – wurde er angeraunzt: „Na, das ist aber ganz schlecht. Ganz schlecht!"

Das ist ja in so einer Situation schon einschüchternd genug. Aber es kam noch schlimmer. Falsche Antworten wurden mehrfach wiederholt, um dem Prüfling deutlich zu machen, ja, was eigentlich? Wie dumm er war? Was er sich einbildete, hier einem Bundesverwaltungsrichter eine schlechte Lösung zu präsentieren, sozusagen nicht die richtigen Soundwörter raus zu hauen?

„Sie haben uns im Regen stehen lassen.", hieß es bei der Notenverkündung und es klang fast ein bisschen so etwas wie persönliche Enttäuschung mit. Die ohnehin schon miese Stimmung fand ihren schlechten Höhepunkt, als auch noch ein Prüfling vom VB auf ein befriedigend herunter gestuft wurde.

Laut darf ich das ja nicht fragen, aber wo wir unter uns sind: Gibt es so was wie Gerechtigkeit? In der juristischen Ausbildung tippe ich auf: Nein.

Ich jammere viel darüber, wie wir Referendare behandelt werden. Aber ein angemessener Umgangston ist doch wohl drin. Natürlich wird durch die Note die Leistung ausgedrückt, und wenn sie eben nicht gut war, fällt das Ergebnis entsprechend aus. Wenn aber am Ende das Gefühl überwiegt, dass jemand es bloß ganz furchtbar ausgekostet hat, am längeren Hebel zu sitzen, dann ist das einfach nur noch traurig. Ist das dieser Mythos von der „Feuertaufe", der letzten harten Prüfung, durch die alle Juristen gehen müssen, um wirklich dazu zu gehören? So ähnlich wie das Duell in der Verbindung oder die Tradition, neue Mitsegler an Bord dazu zu zwingen, verschimmelte Wurst zu essen? Friss oder stirb?

Es ist kein Wunder, wenn man sich als Jurist nicht besonders gerne an seine Ausbildung erinnert. Wirklich erschreckend ist es aber, wieder einmal zu erfahren, was für menschliche Nieten sich hinter hervorragenden Juristen verbergen können.

Deine Alexa

P.S. In Berlin sind die Prüfer angeblich netter. Bis auf diesen einen Staatsanwalt. Wenn man den bekommt, soll man sich krank melden.

(Juli 2004)

Warmer Sekt

Geheime Aufzeichnungen einer Ex-Referendarin

Liebes Tagebuch,

wenn ein Lebensabschnitt zu Ende geht, überkommt mich Melancholie. Wie heißt es noch so schön in dem Gedicht „Stufen" von Hermann

Hesse: Wohlan denn, Herz, nimm' Abschied, und gesunde!

Es ist ein Lebensabschnitt zu Ende gegangen: Das Referendariat ist aus. Aber dass mein Herz dem nachweinen würde? Das kann ich beim besten Willen nicht feststellen. Wie froh bin ich, dass ich keine Klausuren mehr schreiben muss. Dass das ewig schlechte Gewissen jetzt still ist. Dass ich nicht mehr zu AGs gehen muss, die einfach reine Zeitverschwendung waren. Dass ich mich darüber nicht mehr mit der Referendarabteilung zanken muss und auch keine blauen Briefe mehr bekomme, wenn ich nicht erscheine.

Aber es gab auch Gutes. Mein unvergleichlicher Staatsanwalt. „Fünf Minuten vor der Zeit ist des Preußen Pünktlichkeit", das werde ich doch mein Leben lang nicht vergessen! Die Auslandsstation in New York, ein Traum. Ein Büro, in dem man willkommen ist. Eine Behörde, in der es für Referendare sinnvolle Dinge zu tun gibt. Herrlich! In Berlin übrigens oft unvorstellbar…

Auch die Anwaltsstation hat was gebracht. Erste Mandantengespräche, eigene Akten und eigene Schriftsätze, die fast ohne Veränderung „für die Praxis zu verwerten waren". Bei meinem einzigen Auftritt vor Gericht bin ich zwar ohne Gnade untergebuttert worden. Aber ich habe versucht, der Mandantin plausibel zu erklären, dass es an der Richterin lag. Ich denke, die mochte uns einfach nicht.

Die mündliche Prüfung war noch mal nervenaufreibend. Schon beim Vorbereiten des Aktenvortrags wusste ich: Das geht schief. Dabei war das doch das Einzige, das ich drei Monate lang geübt hatte! Dennoch haben sie mich noch auf die 6,52 hochgehievt. Ob es an dem tollen Kostüm lag, für das ich drei Tage zuvor noch 200 € investiert hatte? Auf meinem Konto schmerzt das immer noch.

Ich glaube, warmer Sekt hat noch nie so gut geschmeckt, wie dort auf den Stufen des JPA.

Ich bin froh, dass es vorbei ist, aber missen möchte ich es auch nicht. Und wenn es nur für die schöne Fahrt nach Krakau war.

Deine Alexa

P.S. Die Auseinandersetzung mit dem Arbeitsamt ist übrigens mindestens so aufreibend, wie die mit der Referendarabteilung. Aber davon ein andermal mehr.

(Dezember 2004)

Beim Arbeitsamt

Das geheime Tagebuch einer Ex-Referendarin

Liebes Tagebuch,

Referendare und Arbeitsamt – das passt einfach nicht zusammen. Dass knapp 200 hungrige Mäuler plötzlich das Wartezimmer sprengen, das ist einfach zu viel des Guten. Da wird zu Beginn lieber erst mal der geringstmögliche Satz gewährt. In der Geschäftsstelle Berlin-Pankow reicht zur Korrektur ein Anruf, in Mitte muss Widerspruch eingelegt werden. Aber das – immerhin – haben wir im Referendariat ja gelernt.

Womit habe ich das verdient? Dass ich mich durch vier Jahre Studium und zwei Jahre Referendariat gequält habe, dass ich beide Staatsexamina gleich auf Anhieb bestanden habe, hilft mir jedenfalls gar nichts. Ich muss zum „Profiling", einer Veranstaltung des Arbeitsamtes, und wie ein Schulkind Fragen beantworten, zum Beispiel wie viele Mitarbeiter die Agentur für Arbeit wohl hat (es sind 100.000...). Ich muss dort auch meine Stärken und Schwächen definieren und mir beibringen lassen, wie man die Sekretärin überlistet, damit man gleich am Ohr des Anwalts landet.

Die letzte Posse in diesem Theater: Ich bin umgezogen. Eigentlich ein ganz normaler

Vorgang. Nicht so für das Arbeitsamt. Das Arbeitsamt macht mich fertig. Erst mal habe ich mich nicht rechtzeitig umgemeldet. Dazu bin ich aber nach dem Sozialgesetzbuch verpflichtet. Für zehn Tage ist mir das Geld schon mal flöten gegangen. Ich musste außerdem einen ganz neuen Antrag stellen. Einen so genannten Fortzahlungsantrag. Es ist nämlich nicht möglich, meine Akte von Mitte einfach nach Pankow zu schicken und weiter zu machen wie zuvor. Nein: Ein neuer Antrag muss her. Den habe ich auch abgegeben. Leider ist er verloren gegangen. Irgendwo im Gebäude, zwischen der Pförtner-Loge und dem 5. Stock, der Hochschulabteilung. Im Übrigen kann mein in Mitte erfolgreich eingelegter Widerspruch gegen zu niedrige Bezüge diesen Monat vom Bezirk Pankow noch nicht berücksichtigt werden.

Früher habe ich nur mit der Referendarabteilung gekämpft. Gegen das, was ich jetzt mit der Agentur für Arbeit erlebe, war das ein Zuckerschlecken. Entschuldigt, alle Mitarbeiter am Berliner Kammergericht. Ich habe Euch Unrecht getan. Ich will zurück…

Deine Alexa

(Februar 2005)

Die Strafstation

Liebes Tagebuch,

nun stecke ich mitten in meiner Strafstation. Meine Güte, wie hatte ich mich auf diese Station gefreut. Endlich darf ich eine Robe tragen, auch wenn schwarz nicht unbedingt meine Farbe ist, sehe ich darin irgendwie erhaben aus. Selbstverständlich ist es nicht nur die Freude über die schicke Robe, wir Referendare tragen endlich mehr Verantwortung. Wir dürfen, wenn auch in einem eingeschränkten Rahmen, eigenständige Entscheidungen treffen. Darauf hatten sich alle am meisten gefreut. Tja, solch ein Schwert ist leider immer zweischneidig. Ich habe viele schlaflose Nächte vor und nach Verhandlungen verbracht, weil ich ständig viel zu viel Mitleid mit den Tätern habe. Dies hat bei mir dazu geführt, dass ich oft versuche, die von den Staatsanwälten gemachten Strafvorschläge immer so gut es geht herunter zu drücken. Umso mehr verwundern mich meine Kollegen und Kolleginnen. Die sind so richtig auf den Machttrip gekommen und genießen ihre Machtposition in vollen Zügen. Ja, sie maßen sich an, die von den Staatsanwälten vorgeschlagenen Strafrahmen einfach zu verdoppeln, weil sie diese für viel zu lasch halten. Plötzlich ist es total gefragt, sich als harten Brocken und toughen Staatsanwalt zu präsentieren, egal auf wessen Kosten. Skrupel kennen sie nicht, denn sie handeln ja schließlich für den Rechtsstaat. Sie sehen es als eine Art von Sport an. Wer die meisten Verurteilungen und die höchsten Strafrahmen hat, gehört zu den Gewinnern. Die einzelnen Schicksale, die Hintergründe der Tat sind ohne Belang. „Pech gehabt, wären sie nicht so blöd gewesen und hätten sich nicht erwischen lassen", habe ich schon oft zu hören bekommen, wenn ich versucht hatte zu erklären, dass manche Menschen in Notsituationen nun mal falsch reagieren. Auch wenn es vielleicht ein wenig überzogen ist, muss ich ständig an den Film „Das Experiment" denken...

Als ich eine gute Kollegin von mir fragte, wie ihr Sitzungstag verlaufen ist, bekam ich die Antwort: „Schlecht, ich hatte drei Einstellungen und drei Freisprüche. Keine einzige Verurteilung."

Ich hingegen erklärte ihr, wie schlimm mein Tag war, meinetwegen musste jemand für elf Monate ins Gefängnis. Das konnte sie leider überhaupt nicht verstehen, so eine hohe Strafe die ich da rausgeschlagen hatte, wäre doch schließlich ein Riesenerfolg. Gut, dass ich ihr nicht erzählt hatte, dass ich bereits während der Verhandlung mit den Tränen wegen dem traurigen Schicksal des drogenabhängigen Angeklagten gekämpft habe und die ganze Rückfahrt lang nach Hause im Auto geweint habe. Eine ziemlich verzerrte Welt, wenn man einen Freispruch oder eine Verfahrenseinstellung als Misserfolg ansieht. Noch trauriger macht es mich, dass mir ein Stück von meinem Idealismus genommen wurde. Meine Kollegen und Kolleginnen sehe ich auch in einem anderen Licht, in keinem guten Licht und komme zu der Überzeugung, dass Macht niemandem gut tut.

Deine Pinar

(September 2007)

Der Einführungslehrgang

Liebes Tagebuch,

die letzte Woche hatte ich viel Zeit dir zu schreiben. Das wird diese Woche wohl auch so sein. Ich habe nämlich immer noch Einführungslehrgang für meine erste Anwaltsstation. Mein Gott ist das langweilig. So viele Referendare fahren aus der ganzen Umgebung nach Bruchsal um dort ihre Zeit abzusitzen. Aber wir wussten, was uns erwartet, schließlich hatten uns unsere älteren Referendarkollegen schon davor gewarnt und uns empfohlen eigenen Lesestoff mitzubringen. Mein Repetitor meinte: „Niemand sagt mir in den nächsten zwei Wochen, er habe keine Zeit gehabt die Klausur zu lösen, schließlich habt ihr die nächsten zwei Wochen Einführungslehrgang und für irgendwas müssen diese zwei Wochen vergeudete Zeit doch nützlich sein." Ich lachte über alle lustigen Geschichten und Mythen um den Einführungslehrgang und dachte mir, dass das so schlimm ja nicht sein kann und die Leute gerne übertreiben. Ich versuchte mich positiv zu stimmen. Meine kühnsten Erwartungen wurden übertroffen. Am allerersten Tag musste ich mir sagen lassen, dass es nirgendwo soooo schlechte Berufsaussichten gibt wie für Juristen. Dieser Anwalt in seinem schicken Anzug stellt sich da vorne hin und erklärt uns allen tatsächlich mehr oder minder, was für ein Scheiß so ein Jurastudium überhaupt ist und wir nur zu bedauern sind. Man studiert so lange, um dann für einen Hungerlohn arbeiten zu müssen in Kanzleien, die einen nur ausbeuten und wie Sklaven behandeln. So ein Mist, das hätte man uns doch vor Beginn des Studiums sagen müssen. Dann hätte ich nämlich auf meine Mutter gehört und Grundschulpädagogik studiert. Glaube ich zumindest. Aber in diesem Stadium der Ausbildung mit so etwas zu kommen und uns alle nur depressiv zu stimmen, ist ja wohl bei einem Einführungslehrgang fehl am Platze. Ich bin so sauer....eine Stunde lang bin ich durch die Pampa gefahren, um mir so etwas sagen zu lassen. Aber schließlich konnte es ja nur noch besser werden. Nun ja, zwar habe ich mein zweites Examen immer noch nicht in der Tasche, aber dennoch sollte ich in den Tagen darauf hier lernen, wie man eine eigene Kanzlei eröffnen und organisieren kann. Dann habe ich wohl die letzten Tage alles völlig falsch verstanden, dass es viel zu viele Kanzleien und viel zu viele Anwälte gibt. Nun, vielleicht ist das hier ja eine völlig verworrene Verschwörung und man will uns nur vom Arbeitsmarkt fernhalten oder als Berufsanfänger ohne Erfahrungen, die eine eigene Kanzlei eröffnen, in den Ruin treiben. Aber wieso stoppt man diesen Irrsinn nicht und verschwendet solch große Summen an Geld für einen Lehrgang, zu dem keiner möchte. Auch die Ausbilder an den Gerichten wissen, dass dieser Lehrgang völlig unnütz ist. Die machen es sich aber ganz einfach und behaupten, die Anwaltskammer bestehe auf diesem Einführungslehrgang. Das lustige ist, dass die Anwaltskammer, als sie auf den Einführungslehrgang angesprochen wurde, wiederum behauptet hat, dass die Oberlandesgerichte darauf besten würden. Na ja, schließlich gewöhnt man sich so an sein künftiges Leben im Anwaltsberuf oder in der Justiz: Es wird nur gelogen und betrogen. So, aber jetzt muss ich endlich meine Klausur lösen…..sonst gibt's Ärger vom Repetitor.

Deine Pinar (Oktober 2007)

Der Ernst des Lebens

Liebes Tagebuch,

letzte Woche war ich sehr traurig. Mein allererster offizieller Arbeitstag in meiner ersten Anwaltsstation fiel tatsächlich auf meinen Geburtstag. Daran merkte ich, dass ich jetzt wirklich erwachsen und offiziell alt bin. Schließlich habe ich mir sonst an meinem Geburtstag immer frei genommen und etwas Tolles gemacht. Meistens einen kleinen Kurzurlaub, einen Tag im Holiday Park oder auch einen Tag im Erlebnisbad. Das Tolle daran war, dass „Geburtstagskinder" keinen Eintritt zahlen mussten. Na ja, nach jahrelangem Studium musste der Ernst des Lebens irgendwann ja doch beginnen. Prompt kam ich auch noch an meinem ersten Arbeitstag zu spät, weil der Lokführerstreik natürlich auch genau an diesem Tag beginnen musste. An meinen neuen Arbeitsplatz habe ich mich sehr schnell gewöhnt und mit netten Kollegen lässt es sich eigentlich immer ganz gut aushalten. Sogar mein Chef ist irgendwie nett, wenn er mich nicht ständig mit seiner Sekretärin oder persönlichen Assistentin verwechseln würde. Diese Woche sollte ich ihm ein unleserliches Fax abtippen, damit er es richtig lesen kann. Man konnte das Fax ohne weiteres lesen, es hatte lediglich eine etwas schlechte Qualität. Das nennt sich Arbeitsbeschaffungsmaßnahme. Warum sollte man die Referendarin auch früher heim schicken, nur weil es keine Arbeit mehr gibt? Aber schlimmer geht immer. Wenn ich in Richtung des Praktikanten, einem Jurastudenten am Nachbartisch schaue, kann ich mir mein Grinsen kaum verkneifen. Ich weiß nicht, ob es Schadenfreude ist oder ob es einfach nur an seinem verzweifelten genervten und gleichzeitig verärgert wirkenden Blick liegt. Der muss nämlich Zeitschriften verschicken und muss für jede einzelne Zeitschrift ein Anschreiben verfassen, die Zeitschrift eintüten und zu guter Letzt die Briefmarke anlecken und draufkleben. Meine liebe Vorgängerin, die ich durch Zufall kennen gelernt habe, musste für den Chef sogar einkaufen gehen. Also wenn er bei mir mit so etwas kommt, dann geige ich ihm die Meinung, das habe ich mir zumindest fest vorgenommen. Und dann Frau K... Anfangs fand ich sie sehr nett. Sie bat mich gelegentlich kleine Arbeiten für sie zu verrichten, die ich auch gerne tat. Doch plötzlich änderte sich ihr Tonfall von „Könnten Sie bitte..." oder „Falls Sie kurz Zeit haben..." zu „Machen Sie das fertig" und „Ich brauche das bis spätestens..." Das Problem dabei war, dass sie am Mittwochmittag mit umfangreichen Aufgaben kam, die bis Freitag erledigt werden mussten, aber ich nur von Montag bis Mittwoch da bin. Auf meinen Hinweis, dass ich deshalb ihre Arbeiten nicht schaffen kann, reagierte sie zunächst

63

verständnisvoll. Leider muss sie damit aber später zu meinem Chef gerannt sein. „Pinar, wenn sie Frau K. um etwas bittet, dann können sie das ruhig erledigen und brauchen sich nicht zu schade dafür zu sein", schnauzte dieser mich an. In der nächsten Woche werde ich nun von meiner juristischen Arbeit abkommandiert, nur um Frau K.`s Aufsätze zu korrigieren. Jemand, dem ich das erzählte, meinte, dass es bei der heutigen Arbeitsmarktlage eigentlich dazu gehört, auch andere fachfremde Dinge zu erledigen. Und ob meine Einstellung nicht überheblich ist. Ich weiß es nicht. Ist meine Erwartungshaltung überzogen? Habe ich die Arroganz von Juristen, die ich ihnen immer angekreidet habe, nun mir selbst angeeignet? Aber kann ich nicht erwarten, in meiner Ausbildungsstation auch tatsächlich ausgebildet zu werden und keine Sekretärinnentätigkeit machen zu müssen?

(Dezember 2007)

Besuch beim Dialektiker

Liebes Tagebuch,

letzte Woche ist bei mir eine schicke Einladung ins Haus geflattert. Schon am Umschlag war dies deutlich erkennbar, da er deutlich schwerer wog und viel edler war als der restliche Inhalt meines

Briefkastens. Es war eine Einladung zum Tag der Justiz vom Ministerpräsidenten des Landes persönlich. Zwar wurde die Veranstaltung bereits im Vorfeld über das Landgericht angekündigt, aber mit einer persönlichen Einladung hatte ich nicht gerechnet. Was für eine Ehre dachte ich mir, dass ich in meiner Funktion als Mitglied des Sprechervorstands an solch einer Veranstaltung teilnehmen darf.

Nach über zwei Stunden im Stau kamen wir endlich am Veranstaltungsort an. Überall wimmelte es von aufgeregten Referendaren, die auch zu dieser Veranstaltung eingeladen waren. Es war wirklich sehr aufregend. Schließlich wollte sich der Ministerpräsident des Landes endlich einmal Zeit für die Belange von Rechtsreferendaren nehmen. Vor Ort erfuhren wir, dass auch Studenten der Rechtspflegerfachhochschulen und Notaranwärter eingeladen worden waren. Wir saßen alle ganz erwartungsvoll da, als der Ministerpräsident den Raum betrat und einen halben Meter von unserer Nase entfernt Platz nahm. Die Ausbildungsleiter der Landgerichte in unserem Bezirk waren auch anwesend. Aber dieses Mal war ausnahmsweise nicht deren Meinung gefragt. Sie waren nur als Zuschauer anwesend, auch wenn es ihnen sichtlich schwer fiel, keine Fragen an Herrn O. zu stellen. Im übelsten Dialekt legte Herr O. los und begrüßte uns. Einige von uns, die nicht aus der Region stammten, hatten Probleme ihn zu verstehen und wunderten sich noch nachträglich darüber, dass O. nicht in der Lage war, einen einzigen Satz auf Hochdeutsch zu sprechen. Nun ja, alle unsere Erwartungen wurden ziemlich enttäuscht. Obwohl wir so viele waren und aufgrund unserer differierenden Tätigkeitsfelder ganz andere Anliegen hatten, dauerte der Frage-und-Antwort- Teil nur 15 Minuten. Davon ging natürlich die meiste Zeit für umständliche und Um-den-heißen-Brei-rede-Antworten drauf. Die Antworten enthielten nur Plattitüden und waren weder hilfreich noch informativ. Immer wenn ihm zu einer Sache nichts einfiel, rief er seiner Assistentin zu, dass sie sich die Adressen der Fragesteller notieren solle und er die Sache überprüfen werde. Außerdem riet er uns dazu, dass wir uns nicht nur Jobs auf dem juristischen Arbeitsmarkt suchen sollten, sondern auch wie er in die Politik gehen könnten. Wir alle hielten dies für einen Scherz und lachten herzhaft, bis wir von ihm unterbrochen wurden und er uns erklärte, dass er dies ernst meine. Daraufhin sprach er meinen Kollegen aus dem Vorstand an: „Sie, junger Mann, sie sehen doch gut aus. Werden sie doch Bürgermeister." Alle anwesenden konnten sich nicht mehr halten und brachen erneut in Lachen aus. Na, wenn gutes Aussehen dafür ausreichend ist, gibt es sicherlich noch zahlreiche andere Interessenten an einem Bürgermeister-Posten. So endete unsere kurze Fragezeit. Besonders verärgert waren diejenigen, die noch Fragen stellen wollten und wegen der kurzen Redezeit nicht zu Wort kamen. Diejenigen, die Antworten bekommen hatten, waren aber auch nicht wirklich zufriedener. „Der interessiert sich doch überhaupt nicht für unsere Belange. Der wollte lediglich seinen Pflichttermin runterreißen", riefen einige erbost.

Damit die Anreise nicht gänzlich umsonst war, stürzten wir uns alle auf das wirklich leckere Büffet und palaverten über unsere künftigen Politikerkarrieren.

Deine Pinar

(März 2008)

Die Examenspanik

Liebes Tagebuch,

je näher das Staatsexamen rückt, desto mehr sinkt meine Stimmung. Na klar, das liegt in der Natur der Sache. Es geht mal wieder „ums Ganze" und das ein letztes Mal. Ein allerletztes Mal, aber irgendwie bin ich darüber nicht erleichtert. Mit meiner wieder eingetretenen Examenspanik befinde ich mich in guter Gesellschaft. Meinen Kollegen aus dem

Referendariat geht es nicht anders. Doch das Schlimmste sind für mich meine Examens-Zipperlein, die mittlerweile wieder ein enormes Ausmaß angenommen haben. An die Schlafstörungen denke ich dabei gar nicht, schließlich bekämpfe ich diese mit Schlafmitteln und ein paar Gläsern Rotwein vor dem Schlafengehen mehr oder minder erfolgreich. Aber mit ständigem Herzrasen, Panikattacken und Rückenschmerzen lässt es sich nicht wirklich gut lernen. Ein weitverbreitetes Problem, wie mir durch eine Umfrage im Kreise meiner Referendar-Kollegen klar wurde. Einige von Ihnen hatten auch einen Bandscheibenvorfall oder Panikattacken. Schlafstörungen waren bei allen gängig. Manche leiden allerdings mehr als andere. Doch werden sich die Depressionen, Nervenzusammenbrüche oder Panikattacken am Ende überhaupt für alle gelohnt haben? Ich weiß es nicht.

Auch wenn man so schön sagt „Geteiltes Leid ist halbes Leid", empfinde ich es nicht so. Mittlerweile meide ich meine Kollegen. Die Besuche in meiner Arbeitsgemeinschaft verstärken meine Ängste und Sorgen immer mehr. Es herrscht eine allgemeine Stimmung der Panikmache. Jedes Mal bekomme ich gesagt, in wie viel Wochen oder sogar in wie viel Tagen das Examen beginnt.

Manchmal, wenn ich wieder nachts so daliege und nicht schlafen kann, dann beschleicht mich immer wieder das Gefühl und die Frage, ob dieser Stress es überhaupt wert ist. Nicht nur die Zeit vor dem Examen, sondern auch die zwei Wochen Examensstress und die anschließende mehrmonatige Warterei auf die Ergebnisse zehren an Nerven, Stimmung und Gesundheit. Das kann doch so nicht in Ordnung sein. Ein Schrecken ohne Ende. Es reicht endlich! Natürlich leiden auch andere Studenten an Prüfungsangst, aber mir kann keiner erzählen, dass diese Ängste in anderen Fachrichtungen solche Ausmaße annehmen wie bei uns Juristen. Nun ja, man hat es sich ausgesucht und muss jetzt durch...so meint man immer, aber ich weiß nicht, ob ich wirklich da durch muss und soll. Ist der Preis dafür, die eigenen Gesundheit, nicht zu hoch? Das ist eine äußerst schwierige Frage, die jeder wohl für sich selbst entscheiden muss. Und dass es eine äußerst schwierige Entscheidung mit weitreichenden Konsequenzen ist, macht es noch schwieriger. Vor allem, wird es mit einer Entscheidung gegen das Examen tatsächlich leichter???

Deine Pinar

(April 2008)

Der Staatsanwalt

Liebes Tagebuch,

ich hatte völlig vergessen, dir zu erzählen, was für ein komischer Staatsanwalt bei uns in der Staatsanwaltschaft rumrennt. Das ist der Hammer! Von älteren Referendaren hatte ich ja schon gehört, dass dieser Herr der jungen Damenwelt nicht abgeneigt ist. Ein guter Freund hatte mir mal erzählt, wie die Zuweisung von Referendaren in der Strafstation früher erfolgt sein soll. Die Staatsanwälte und Staatsanwältinnen, die seinem Bericht zufolge genauso sexistisch gewesen sein sollen, hätten die Referendar- Personalbögen mit Fotos bekommen und die Referendare nach ihrer Optik ausgewählt. Ist das zu glauben? Daher wäre es wohl in den früheren Jahren so gewesen, dass Jungs immer weiblichen Staatsanwälten und Mädchen den männlichen Staatsanwälten zugeteilt worden waren. Im Jahrgang meines Freundes war das noch so, das weiß ich noch. Allerdings weiß ich nicht, ob ich tatsächlich glauben kann, dass die Referendar-Auswahl wie bei einer Fleischbeschauung getroffen wurde… Gutaussehende Referendare wären seinerzeit wohl äußert beliebt und heiß begehrt gewesen. Wer hätte das gedacht, dass es in der spießigen und elitären Juristenwelt vorrangig um das Aussehen gehen soll. Aber die Gerüchteküche nimmt kein Ende. Einige Referendare hätten sich wohl über Annäherungsversuche des anderen Geschlechts beschwert, so dass diese Praxis wieder abgeschafft worden wäre. Dann ist es in meinem Jahrgang vielleicht kein Zufall, dass Mädels nur bei Frauen und umgekehrt Jungs nur bei Herren sind.

Jetzt aber zu dem komischen Staatsanwalt. Das ist so ein richtig unangenehmer Typ, der leider unser Ansprechpartner in der Staatsanwaltschaft ist, weil er unsere Einteilungen für den Sitzungsdienst schreibt. Immer wenn ich oder eine meiner Kolleginnen zu ihm ins Büro müssen, graut uns davor. Er versucht, uns immer so lange wie möglich in seinem Büro zu halten und pausenlos mit uns zu flirten. Unsere männlichen Kollegen sind in maximal fünf Minuten wieder aus seinem Büro heraus, wohingegen es fast keine Frau schafft, dort unter 15 Minuten drinzubleiben. Eine Kollegin hat er sogar mit Namen begrüßt, obwohl sie das erste Mal bei ihm war. Auf erstauntes Nachfragen von ihr habe er gesagt, dass er sie von ihrem Foto aus dem Personalbogen kenne. Die Krönung aber war, als er sie gefragt haben soll, ob sie ihn denn nicht erkenne. Schließlich wären sie sich im Fitnessstudio in der Sauna begegnet. Sie sei daraufhin richtig schockiert gewesen. Dann nannte er ihr wohl noch ihre Adresse, die er auswendig kannte, und hätte ihr mitgeteilt, dass er wüsste, mit welcher Bahn sie jeden Morgen ans Gericht fahre. Auf ihr schockiertes Nachfragen, woher er das alles wisse, soll er gesagt haben: „Ich bin nicht umsonst Staatsanwalt. Ich weiß, wie man ermittelt". Ihr wäre es, sagt sie, eiskalt den Rücken herunter gelaufen.

Diese Geschichte hat uns Mädels wirklich mitgenommen...es ist furchtbar, wie manche Vorgesetzte sich aufführen und ihre Macht missbrauchen. Glücklicherweise ist der überwiegende Teil der Ausbilder aber wirklich nicht so.

Deine Pinar

(Juni 2008)

Versuch macht klug

Liebes Tagebuch,

ich fühle mich momentan völlig überfordert. Mir wächst irgendwie alles über den Kopf, mein Referendariat, die viele Lernerei und meine Nebenjobs. Das alles hat mir auch noch auf die Gesundheit geschlagen... Ich bin nur noch ständig krank. Das Schöne am krank sein ist, dass ich im Bett liege und den ganzen Tag Fernsehserien gucken und meinen Gedanken nachhängen kann. Vor allem mag ich die alten

Serien wie „Ein Colt für alle Fälle", „Hart aber herzlich", Trio mit vier Fäusten" oder Remington Steele. Da kann ich dann so richtig auf der Nostalgiewelle reiten. Obwohl ich mich bei Remington Steele immer sehr darüber aufrege, dass die Frau die ganze Arbeit macht und der männliche Held nur die Lorbeeren einkassiert. Doch am meisten fahre ich auf die Heile-Welt-Serien ab. So wie die Bill Cosby Show, eine große glückliche Familie, die über alle Probleme reden kann und diese auch immer löst. Wäre es doch im richtigen Leben auch so… Im Alltag schweigt man lieber über Probleme und frisst sie in sich hinein, statt einfach darüber zu reden. Das Problem: Man steigert sich dann noch mehr hinein. Die Folge ist, dass dadurch Probleme immer größer erscheinen, als sie tatsächlich sind. Das lässt sich auf das Berufsleben, genauso wie auf den privaten Bereich übertragen. Oft sind es nur Kleinigkeiten: ein falsches oder missdeutetes Wort, man fühlt sich übergangen oder nicht genügend berücksichtigt… Die Möglichkeiten sind endlos. Andererseits läuft man aber große Gefahr, dass man beim Ansprechen von Problemen sein Innerstes preisgibt. Doch manchmal, da muss man einfach ins kalte Wasser springen und ein Risiko eingehen und Dinge ansprechen. Wer nichts wagt, der nichts gewinnt. Und wenn es nach hinten losgeht, dann ist das auch egal! Schließlich weiß man, dass man es riskiert hat, und kann schon alleine deswegen stolz auf sich sein.

Aufgrund meiner Fehlzeiten im Ref. wurde ich von meinem Ausbildungsleiter zu einem Gespräch einbestellt. Beflügelt von meinen Gedanken bin ich zu ihm hin und habe ihm erklärt, dass ich neben meinem Referendariat her noch arbeiten muss, weil mich meine Eltern nicht finanziell unterstützen können und es für mich nicht in Frage kommt, irgendwelche Unterhaltsbeihilfen zu beantragen. „Es haben nun mal nicht alle vermögende Eltern", teilte ich ihm mit. „Na ja, und diese viele Arbeit hat mir dann leider auf die Gesundheit geschlagen", versuchte ich mich zu rechtfertigen. Da stand ich nun: ein wenig stolz, dass ich meinen Mut zusammen genommen habe, um die Wahrheit zu sagen und gleichzeitig auch beschämt, dass ich Persönliches preisgegeben habe. Die Antwort, die ich mir erhofft hatte, bekam ich natürlich nicht. Schlimmer noch, ich bekam ein nüchternes und kaltes: „Dann hätten Sie halt nicht mit dem Referendariat anfangen sollen, wenn sie es sich nicht leisten können". Tja, was soll ich dazu sagen, manchmal geht's halt auch daneben, aber ich weiß, dass ich es wenigstens versucht habe...

Deine Pinar

(September 2008)

Pinar im Reisefieber

Liebes Tagebuch,

vorhin saß ich ganz lustlos über meinen Akten, als mich plötzlich das Reisefieber packte. Ich weiß nicht, ob es an der Tatsache lag, dass ich in diesem Jahr keinen Urlaub gemacht habe und in naher Zukunft auch keiner in Aussicht steht, oder der im Flur stehende Reiserucksack meines Freundes dafür verantwortlich war. Anlässlich seines geplanten Wochenend-Camping-Trips hatte er ihn aus dem Keller gekramt. Ich stand von meinem Schreibtisch auf und lief in Richtung Flur als ich den grooooßen Reiserucksack erblickte. Da stand er nun in seiner vollen Pracht und verhöhnte mich. Ich hatte sogar das Gefühl, dass mich dieses Monstrum von Rucksack verziert mit ein wenig Kellerstaub und bunten Etiketten tatsächlich auslachte. Schließlich hatte er von der großen weiten Welt schon vielmehr gesehen als ich. Mein Freund hatte ihn vor Jahren für seine dreimonatige Thailand-Rucksack-Tour gekauft, so dass er schon fast überall in Thailand war. O.k., ich weiß, dass sich das etwas verrückt anhört....Außerdem kommen meine Jeans aus der Türkei, meine Schuhe aus Singapur und mein Pulli aus Taiwan. Da komme ich auch nicht auf solch merkwürdige Gedanken. Doch das mit dem Rucksack nahm ich irgendwie persönlich. Ich kam nicht umhin, mich zu fragen, ob all diese verrückten Gedanken in mir nur aufkamen, damit ich mich von meiner Akte ablenken konnte. Schließlich passte das auch in meine Welt, in der Jura regelmäßig der Sündenbock für eine Vielzahl schlechter Angewohnheiten ist. Meine Freundin fing in der Examensvorbereitungsphase trotz zweijähriger Abstinenz wieder mit dem Rauchen an und sagte, der ganze Stress mit der Lernerei sei der Grund für ihren Rückfall. Eine andere Freundin trank jeden Abend zwei Gläser Rotwein, damit sie einschlafen konnte. Sie konnte wegen der Aufregung des bevorstehenden Staatsexamens nicht mehr gut schlafen. Warum sollte dann die Juristerei nicht auch verantwortlich für meine skurrilen Gedankengänge sein. Ja, ich weiß, dass ich ein wenig übertreibe....aber diese Lust, an einen fernen weiten Ort zu fahren, lässt mich nicht mehr los. Zeit meines Lebens wollte ich mit einem Rucksack eine Reise durch ein fernes Land machen. Leider kam immer irgendetwas dazwischen. Alleine traute ich mir das nicht zu. Dann fehlte die passende Reisebegleitung. Ein anderes Mal das passende Geld...oder auch die fehlende Zeit. Doch auch wenn man Wünsche für längere Zeit unterdrückt, so kommen sie doch meist irgendwann zu Tage. Und das natürlich auch immer im falschen Moment. Ich glaube, ich muss endlich zur Tat schreiten und meinen langersehnten Traum verwirklichen. Das wäre doch wirklich was für die Zeit nach dem Examen.

Aber ich kann doch nicht als Arbeitslose durch die Gegend reisen, wenn ich mich eigentlich um einen Job kümmern müsste?! Außerdem freue ich mich wirklich, endlich ins richtige Berufsleben einsteigen zu können. Weißt du was...ich glaube ich sollte mich jetzt wieder meiner Akte widmen, sonst werde ich in absehbarer Zeit überhaupt nicht ins Berufsleben einsteigen können. Und mein Fernweh, das hat jetzt schon so lange gewartet, da muss es sich eben leider noch ein wenig weiter gedulden.

Deine Pinar

(Oktober 2008)

Pinar und die Zeit

Liebes Tagebuch,

weißt du eigentlich, wie man Zeit misst? Ich meine außer in Minuten, Stunden, Tagen und so weiter. Wie viel ist Zeit eigentlich wert? Für alle, die im Berufsleben stecken, ist sie zweifellos ein wertvolles Gut, vor allem, wenn die Zeit, die man hat, knapp bemessen ist. Aber wie steht es mit der Zeit von Menschen, die viel Zeit haben? Ist diese weniger wert? Schließlich schimpfen die meisten oft genug über Rentner an der Supermarktkasse, die einen nicht vorlassen, obwohl man nur eine Tüte Milch in der Hand hat und sie einen vollen Einkaufswagen haben. Auch ich ertappe mich regelmäßig dabei, wie ich andere Menschen dafür verurteile... Ich weiß noch, früher, als ich ein kleines Mädchen war, da verging die Zeit so langsam. Vor allem vor Geburtstagen, die Tage, die bis zu meinem Geburtstag vergingen, zählte ich einzeln, und es dauerte immer soo lange. Heute hingegen: Die Monate vergehen wie Tage und die Jahre wie Monate. Sechs Wochen Sommerferien während meiner Schulzeit waren immer eine halbe Ewigkeit. Und danach schienen alle so verändert...irgendwie reifer oder auch älter. Manche Schulfreundinnen hatten plötzlich Oberweite bekommen und die Jungs tiefere Stimmen.

Wenn ich heute in den Spiegel schaue, wundere ich mich über die Veränderungen in meinem Gesicht, ich sehe, wie die Zeit ihre Spuren hinterlässt, obwohl ich mich immer noch nicht richtig erwachsen fühle. Doch merke ich, wie sich meine Sicht der Dinge verändert, sie wird irgendwie gelassener. Das empfinde ich als die größte Errungenschaft meines Älterwerdens.... ich rege mich nicht mehr so über Kleinigkeiten auf wir früher. Meistens zumindest nicht. Aber bei einer Sache gehe ich im Gegensatz zu früher richtig an die Decke, und zwar wenn man respektlos mit meiner Zeit umgeht. Schließlich haben die meisten, ich eingeschlossen, nicht mehr so viel davon wie früher. Respekt vor der

Zeit von anderen ist meiner Meinung nach auch ein Zeichen von Wertschätzung. Ob es eine Freundin ist, die nicht pünktlich zur Verabredung erscheint, oder es mein Friseur ist, der schnell noch jemanden vor mir rein geschoben hat. Gerade erst letzte Woche habe ich vor Wut geschäumt. Ich war bei meiner Ausbilderin, um eine von mir bearbeitete Akte kurz zu besprechen. Leider hatte sie es aber nicht geschafft, meine Klageschrift zu lesen. Das wäre ja auch kein Problem gewesen, wenn sie den Termin abgesagt oder verschoben hätte. Stattdessen bin ich 45 Minuten durch den Berufsverkehr gefahren für nichts. Aber es war ja auch nicht so, dass sie mich gleich wieder weggeschickt hätte. Stattdessen rief sie mich in ihr Büro und ich durfte knapp eineinhalb Stunden lang zuhören, wie sie telefonierte. Wären es irgendwelche Notfälle gewesen, hätte ich auch Verständnis dafür gehabt, aber dem war definitiv nicht so. In den kurzen Pausen zwischen den Telefonaten führte sie mit mir belanglosen Smalltalk, aber ließ mich trotzdem nicht gehen. Und wie du dir sicherlich denken kannst, kamen mir die anderthalb Stunden wie gefühlte fünf Stunden vor. Als ich endlich gehen durfte, stieg ich wutentbrannt ins Auto und dachte mir: Dankeschön, so viel ist ihr meine Zeit wert! Wenn das kein Zeichen von Wertschätzung ist.....

(November 2008)

Das Erwachsensein

Liebes Tagebuch,
erwachsen zu werden, darauf wartet manch einer sein Leben lang. Doch wann ist man eigentlich tatsächlich erwachsen? Ja ja, ich weiß, mit 18 Jahren ist man volljährig und gilt zumindest vor dem Gesetz als Erwachsener. Meine Güte, das ist bei mir schon ein ganzes Weilchen her. Als ich 18 wurde, kam ich mir wahnsinnig erwachsen vor und war zutiefst beleidigt, wenn mich Unbekannte für höchstens 16 hielten. Wenn ich mir heute 18-jährige Jungs und Mädels anschaue, dann kommen die mir wie kleine Kinder vor. Wahnsinnig jung und süß und die ganze Zukunft liegt ihnen noch zu Füßen. Ich kann mir dann gar nicht mehr vorstellen, warum ich mir seinerzeit mit 18 Jahren so erwachsen vorkam.
Aber die tollste Errungenschaft des Erreichens der Volljährigkeit ist für mich nach wie vor der heiß ersehnte Führerschein. Jetzt besitze ich meinen Führerschein seit sage und schreibe x Jahren (mein Alter verrate ich dir nicht!) und er hat für mich immer noch nichts von seiner Faszination verloren. Ich freue mich immer noch wie eine 18-jährige, wenn ich in mein Auto steige, um von A nach B zu fahren und nicht auf öffentliche Verkehrsmittel angewiesen bin. Juhuu!! Es lebe der Führerschein! Vielleicht sollte ich künftig anstelle meiner Geburtstage, diese deprimieren mich immer sehr, den

Jahrestag meines Führerscheins feiern. Es ist der 9. September, seitdem bin ich ein Stückchen freier, weil ich zumindest theoretisch jederzeit an jeden x-beliebigen Ort fahren könnte.

Merkwürdigerweise dachte ich früher immer, dass mir die Beendigung meines Studiums den gleichen Grad an Zufriedenheit verschaffen würde, vor allem immer, wenn ich bewusst daran denke. Dem ist merkwürdigerweise nicht so. Vielleicht hängt das aber damit zusammen, dass man, wenn man sein Studium beendet, auch tatsächlich erwachsen ist und man in Erwartung des Ernstes des Lebens, welches einem bevorsteht, sich nicht so wirklich freuen kann. Ich weiß es nicht.

Theoretisch könnte man sich ja mit dem Beenden des torturreichen Jurastudiums auch auf alle möglichen Jobs an allen möglichen Orten bewerben oder mit dem Referendariat in irgendeiner Stadt beginnen. Das ist doch auch ein Stückchen Freiheit. Dennoch kommt bei mir in Erinnerung an das Ende meines Studiums nicht der gleiche Grad an Freude auf, wie bei dem Gedanken an meinen Führerschein. Andererseits, worüber sollte man sich in der „Generation Praktikum" eigentlich freuen? Düstere Zukunftsprognosen, schlechte Arbeitsmarktlage, endlos dauernde, schlecht bezahlte oder gar nicht vergütete Praktika, die auf einen warten… Hochschulabsolventen werden oftmals nur noch als billige Arbeitskräfte ausgebeutet… Jetzt ist mir auch klar, warum da keine Freude aufkommt!!

Deine Pinar

(März 2009)

Der Jura-Look

Liebes Tagebuch,

weißt du eigentlich, was der Jura-Look ist? Tja, als den Jura-Look bezeichnet man weitläufig das typische Aussehen von Juristen bzw. Juristen-Anwärtern. So kommt es vor, dass man Jura-Studenten an ihren Outfits erkennt. Das hört sich vielleicht ein wenig gaga an, dass man an der Kleidung von jemandem garantiert nicht erkennen kann, ob er Jura studiert. Aber das habe ich mit Freunden vor der Mensa schon einige Male getestet und in acht von zehn Fällen lagen wir richtig. Die, bei denen wir falsch lagen, waren BWL-Studenten. Ja, auch die haben ihren ganz eigenen Look, der dem der Juristen zwar ein wenig ähnelt, aber dennoch etwas anders ist. Die typische Jura-Studentin trägt am liebsten Perlen-Ohrringe, eine Barbour Jacke und schicke Schuhe. Den Jura-Studenten kann man in den Anfangssemestern leicht mit einem Assistenten verwechselt, weil er oft schon für den Besuch an der Universität in seinen Anzug schlüpft. Da würde mich interessieren, wie diese Herren überhaupt an ihre Anzüge kommen. – Juhuu, ich habe eine Zusage für das Jura-Studium, jetzt muss ich mir ein paar Lehrbücher und Anzüge kaufen. - Oder handelt es sich bei diesen um einen Schlag von Leuten, die schon zu Schulzeiten gerne Anzüge getragen haben? Na ja, die meisten Jura-Studenten bleiben ihrem Look auch im Referendariat treu. Obwohl Juristen mit ständigen Gesetzesänderungen klar kommen müssen, so scheuen sie Änderungen, wenn es um ihr Aussehen geht. Also trägt man die gleiche Barbour Jacke mit den gleichen Perlenohrringen im Referendariat. Keine Spur von Pep oder eigener Individualität. Dabei würden ein paar ausgefallen Riesen-Kreolen aus Ghetto-Gold sicherlich auch ganz gut zum Barbour-Jäckchen passen.

Ich glaube, ich bin die einzige in meinem Jahrgang im Referendariat, die Turnschuhe trägt, und habe prompt im Plädierkurs den Hinweis bekommen, dass ich mit ordentlichem Schuhwerk in die Gerichtsverhandlung solle. Das ist mir auch klar! Die haben doch tatsächlich angenommen, dass eine, die sich traut, im Unterricht Turnschuhe zu tragen, dies auch vor Gericht machen wird. Eine, die halt nicht weiß, was sich gehört. Tja, ich habe auf den Hinweis hin trotzig reagiert und geantwortet „Das ist mir auch klar" und prompt weitere strafende Blicke geerntet. Das wäre mir mit dem Juristen-Look sicherlich nicht passiert, aber das ist mir mittlerweile egal.

Aber ich muss dir gestehen, es gab mal eine Zeit, in der mir das überhaupt nicht egal war. Ich versuchte mich damals auch dem typischen Juristen-Look zu nähern, weil ich nicht mehr aus dem Rahmen fallen wollte. Also trug ich, ich wage es kaum zu sagen, auch Perlenohrringe und vom Rest möchte ich gar nicht sprechen. Genau genommen waren es ja nicht mal echte Perlen. Aber diese Phase habe ich glücklicherweise überstanden. Irgendwann war ich selbstbewusst genug, das zu tragen, worauf ich Lust habe, und mich nicht mehr wegen anderen zu verbiegen. Daher rate ich jedem: Seid und präsentiert euch so, wie ihr auch tatsächlich seid, und verstellt euch nicht. Damit kommt man im Leben immer am weitesten!

Deine Pinar

(April 2009)

Eigenschaften von Menschen

Liebes Tragebuch,

heute liest man viel über Eigenschaften von Menschen, die ihren Ursprung in der prähistorischen Zeit haben. Da gibt es beispielsweise den Tunnelblick des Mannes, weil der Steinzeit-Mann seine Nahrung jagen und erlegen musste und dafür gut in die Ferne sehen musste. Oder die wesentlich kürzere Blickweite der Steinzeit-Frau, die aber einen viel weiteren Winkel hatte, weil sie auf Kind und Lager aufpassen und dafür alles gleichzeitig überblicken musste. Auch habe ich mal gehört, dass der Stützpfeiler des Panini-Verlages – das ist der Verlag, der die kleinen bunten Einklebebildchen verkauft, - der Jagd und Sammelinstinkt des Menschen ist. Das find ich nicht schlecht, dadurch habe ich wenigstens eine Ausrede, warum ich vor vielen, vielen Jahren mein ganzes Taschengeld in den Kauf von eigentlich unnötigen Fußball-Sammelbildern gesteckt habe. Doch es gibt da noch eine besondere Spezies, die so genannten Trophäensammler, wahrscheinlich ein Resultat des Jagd- und Sammeltriebs der Urzeitmenschen. Dieser Charakterzug äußert sich in den verschiedensten Bereichen und in den verschiedensten Variationen. Da gibt es beispielsweise die Sorte Mann, die sich am liebsten eine Kerbe in den Gürtel ritzen würde für jede Frau, die sie mal rumgekriegt haben. Eine besonders wichtige Spezies des Trophäensammlers treffe ich regelmäßig im Urlaub an. Vor allem mein letzter Parisaufenthalt hat mir besonders lustige Einblicke gewährt. Das waren die Touristen, die alleine unterwegs waren.

Nie genügte es ihnen, eine Sehenswürdigkeit für sich allein zu fotografieren. Immer mussten sie sich selbst davor platzieren, damit – so ist zumindest meine Theorie – jeder sehen konnte, dass sie auch tatsächlich dort waren. Das äußerte sich nicht nur im Ansprechen anderer Touristen mit der Bitte, ein Foto von ihnen zu machen, sondern auch in der intensiven Inanspruchnahme des Selbstauslösers. Die Hauptsache ist für diese Trophäensammler, dass sie den Beweis ihrer Anwesenheit fotografisch dokumentieren. Den skurrilsten Fall der Selbstauslöser-Nutzung habe ich in der Kirche Sacre Coeur miterlebt, als ein Tourist seinen Fotoapparat auf einen der Altare gestellt hat, um sich mit Hilfe des Selbstauslösers grinsend in der Kirche zu knipsen. Aber auch im juristischen Bereich erkennt man die „Trophäensammler" im Studium ziemlich frühzeitig. Sie versuchen, so viele Scheine wie möglich zu ergattern nach dem Motto: Je mehr, desto besser. Dieses Motto gilt natürlich auch für die Anzahl der erlangten Punkte im Staatsexamen, was aufgrund der Wichtigkeit für die bevorstehende Zukunft aber auch nicht verwunderlich ist. Der gemeine Jurist wird in den meisten Fällen nicht nach Sympathie, Auftreten oder Selbstbewusstsein beurteilt, sondern ausschließlich an seiner Punktzahl bemessen. Je weniger er im Staatsexamen erzielt hat, desto niedriger ist sein Ansehen. Ich hatte mal einen Bekannten, der schwieg sich beharrlich über seine Examensnote aus. In einem besoffenen

Moment verriet er mir zwar nicht seine Examensnote, aber den Grund seines Schweigens. Die Note sei ihm nicht wirklich wichtig, aber er möchte nicht, dass jemand auf ihn wegen seiner Note herabsieht. Er riet mir damals, während meines Referendariats niemandem meine Note zu verraten, weil sonst die Gefahr bestünde, dass niemand mit mir eine Lerngruppe bilden wolle. Du wirst es nicht glauben, aber ich habe seinen Rat beherzigt. Nicht weil ich mich minderwertig oder für minder talentiert halte, sondern weil ich – das stimmt mich wirklich traurig – nicht nur an das Schlechte im Menschen, sondern insbesondere an das Schlechte im Juristen glaube. Tja, was soll ich dazu sagen, traurig, aber leider viel zu oft bestätigt.

Deine Pinar

(Juli 2009)

Nina – aus dem Tagebuch einer Rechtbald-referendarin (2010-2011)

Neues Jahr

Liebes Tagebuch!

Ich wünsche dir ein Frohes Neues Jahr! So neu wie das Jahr ist, so neu bist auch du für mich und ich für deine Leser. Eigentlich sollte man ja keine fremden Tagebücher lesen. Und eigentlich sollte man auch keine fremden Tagebücher übernehmen. Eigentlich... Doch durch mein Jurastudium habe ich gelernt: Wo ein Grundsatz existiert, da ist die Ausnahme nicht weit. Und hier bin ich also! Im Gegensatz zu meiner Vorgängerin kann ich mich noch nicht als Rechtsreferendarin bezeichnen, sondern bin erst im Begriff, eine zu werden. Die letzte Phase meines Studiums ist nicht ganz einfach und doch blicke ich positiv in die Zukunft, denn das ist der erste meiner guten Vorsätze für 2010. Ein weiterer ist natürlich, fleißig zu lernen, um mein Studium erfolgreich zu beenden. Es kommt mir so vor, als türme sich mein Wissen über meinem Kopf auf wie eine riesige Marge-Simpson-Frisur. Ob ich damit wohl einen optischen Vorteil in der mündlichen Prüfung habe? Mit dem Lernen ist das so eine Sache: Ich lerne und lerne und lerne und je mehr ich lerne, desto weniger weiß ich – so erscheint es mir jedenfalls. Hoffentlich trügt der Schein! Apropos: Ist es nicht seltsam, dass man sagt „Ich bin scheinfrei", obwohl man doch alle Scheine hat?! Und ich rate jedem, auch dem, der sie noch nicht alle hat und auch denen, die sie nicht mehr alle haben (und davon gibt es an der Uni ja genug), gut auf ihre Scheine acht zu geben. Es ist nämlich so: Erst bekommt man sie und dann muss man sie zur Anmeldung für das Staatsexamen wieder abgeben. Und das kann schon mal zu mittelschweren Panikattacken führen! So zum Beispiel, wenn man hundertprozentig davon überzeugt ist, die großen Scheine im blauen Ordner abgeheftet zu haben, dieser Ordner aber vieles enthält, jedoch zu 100 % keine großen Scheine. Da wird die Anmeldung zur Prüfung zum ersten Prüfungsabschnitt! Im Schockzustand erstarrt ist man dann auch gar nicht in der Lage, diese Scheine zu suchen. Ebenso panisch kann einen die Suche nach dem Grundlagenschein machen, den man laut Prüfungsamt einzureichen hat. Verdammt, was war das denn überhaupt nochmal und wieso ist auch dieser Schein im Nirwana verschwunden? Für all diejenigen, die sich nicht anmelden konnten, da sie immer noch nach dem Grundlagenschein suchen, hier ein kleiner Hinweis fürs nächste Mal: Es gibt ihn nicht! Ich meine, natürlich gibt es diesen Schein, aber es ist der einzige, der den Sprung in das moderne Zeitalter geschafft hat und den man nicht ausgehändigt bekommt, da seine Existenz rein digitaler Natur ist. Liebes Prüfungsamt: Vielen Dank für die Auskunft, dass der Nachweis des Grundlagenscheins auf dem Zwischenprüfungszeugnis genügt. Wo zum Teufel habe ich das denn nur abgeheftet?! Eigentlich müsste man allein für die ordnungsgemäße Anmeldung Noten bekommen und wer weiß, vielleicht habe ich bereits ein paar Punkte gut schreiben können. Immerhin durfte ich die netten Damen und Herren vom Prüfungsamt darauf aufmerksam machen, dass ihr Kollege wissentlich sämtliche Kopien von mir entgegengenommen hatte. Als meine Kommilitonin nach unserer Anmeldung darüber stöhnte, dass sie nun kein einziges Original ihrer Prüfungsleistungen mehr besäße, wurde ich hellhörig, denn mir klemmten alle meine Originale noch unter dem Arm! Also machte ich mich beim Prüfungsamt beliebt und korrigierte meine Anmeldung. „Entschuldigung, ich glaube, sie haben da etwas nicht richtig gemacht…". In so einer Situation fühlt man sich dann wirklich als Straftäter. Und das, obwohl man doch eigentlich auf der Seite des Rechts steht. Eigentlich…

Mal ehrlich und unter uns, liebes Tagebuch – da strebt man sein ganzes Studium nach Perfektion, hat um jede normalstudentensterbliche Party einen großen Bogen gemacht, da man am nächsten Morgen nicht nur körperlich anwesend in der Vorlesung sitzen wollte und

Bereicherungsrecht im Dreieck auch nicht besser wird, wenn es durch Restalkohol zum Sechseck mutiert; da hat man sich quasi wie ein Hochleistungssportler für den wichtigsten Wettkampf seines Lebens getrimmt und dann schafft man es nur mit Ach und Krach, sich anzumelden. Es kommt mir manchmal vor, als hätte ich Sport studiert, und zwar Hürdenlauf. In diesem Sinne wünsche ich uns ein sportliches und sportlich faires 2010!

Deine Nina

(Januar 2010)

Nina hat Rücken

Liebes Tagebuch!

Isch hab´ Rücken…Das kommt davon, wenn man mit großem Einsatz lernt und sich mit wenig Einsatz bewegt. Weiße Bescheid! Im Stadium völliger Verspannung stellt man sich die ein oder andere Frage: Ist das Jurastudium kontrollierte Selbstschädigung? Übernimmt die Krankenkasse die Folgekosten? Und – hat Horst Schlämmer etwa Rechtswissenschaften studiert? Er wäre ja nicht der erste Jurist, den es zum Journalismus gezogen hat! Doch bevor ich mich für ein Volontariat beim Grevenbroicher

Tageblatt bewerbe, muss ich zunächst die physischen Voraussetzungen dafür schaffen. Ich mache also einen Termin beim Orthopäden, in der Hoffnung darauf, einige wohltuende Massagen zu bekommen. Nach einem wimpernschlagkurzen Check meiner Wirbelsäule fragt mich der Arzt: „Machen Sie Sport?" Ich schüttele den Kopf, so gut es meine Nackenstarre zulässt. „Machen Sie Sport!" sagt er daraufhin und ich bin entlassen. Hey – was ist mit den Massagen? Sport machen?! Dafür fehlen mir die Zeit, die Motivation und die Muskulatur. Die Massagen hätte ich ja noch irgendwie in meinen straff organisierten Alltag einbauen können, aber Sport? Das mentale Vorprogramm, dann das Warm-up, dann erst der Sport und zu guter Letzt Cool-down – da ist der Tag doch gelaufen! Wann soll man denn bitte so noch lernen und seinen Rücken verkrampfen? Aha…jetzt dämmert es mir. Das ist also der Trick dabei. Und trotzdem würde ich am liebsten zu dem Doc sagen: Schätzeken, du hast deinen Beruf verfehlt. Welche Rechtsnatur hat der Arztvertrag noch mal und nach welchen Vorschriften kann man zurücktreten? Den Ratschlag „Sport" kann ich gerne zurückgewähren. Es muss doch Alternativen geben.

Wie gut, dass meine beste Freundin demnächst heiratet. Nun wirst du dich sicher fragen, was ihre Hochzeit mit meinem Rücken zu tun hat? Sagen wir es mal so: Es war taktisch ziemlich unklug, die Maße für das Hochzeitskleid VOR Weihnachten festzulegen. Nun hat sie sich eine Waage und eine Pilates-DVD gekauft. Und diese DVD enthält Übungen, die sich nicht nur positiv auf das Gewicht, sondern auch positiv auf den Rücken und seine Muskulatur auswirken sollen. Und wirklich schweißtreibender Sport ist das wohl auch nicht, denke ich jedenfalls. Geteiltes Leid ist halbes Leid und deshalb haben wir uns letzte Woche zum gemeinsamen Pilatestraining vorm heimischen Fernseher getroffen. Plötzlich habe ich nicht nur Rücken, sondern auch noch Schnappatmung! Nach 40 Minuten merke ich, dass ich zwar vollkommen fertig bin, aber auch vollkommen entspannt. Freunde, noch nie hat mir kein Sport so gut getan. Hör mal – darauf trinken wir natürlich einen.

Deine Nina

(Februar 2010)

Nina braucht Ruhe

Liebes Tagebuch!

Da, wo wir wohnen, haben wir eine verrückte Nachbarin. Die hat Alzheimer oder so und eigentlich müsste sie einem leid tun. Aber in erster Linie tue ich mir leid, dass ich so eine verrückte Nachbarin habe. Von früh bis spät schreit sie nach Herbert, ihrem Mann. Doch der ist so gut wie nie da und ich glaube, das beruht auf gesundheitlichen Gründen: Wäre er die ganze Zeit da, hätte er wahrscheinlich einen Hörschaden! Naja, vielleicht wäre das auch nicht das Schlechteste, denn wenn man nichts mehr hören kann, dann kann einem auch das Geschrei dieser Frau nicht mehr auf den Geist gehen. Wenn Herbert dann doch mal spät abends nach Hause kommt, verzieht er sich mit Ohrstöpseln in sein Zimmer, munkelt man jedenfalls im Haus. Und so bekommt er natürlich auch nicht mit, wenn seine Frau nachts um halb zwei der Meinung ist, man müsse die Wiederholung der Golden Girls in Dolby Surround und Kinolautstärke hören. Ich habe nichts gegen Dorothy, Rose, Blanche und Sophia, doch ich glaube, im Examen hilft es einem nur unwesentlich weiter, wenn man sämtliche Dialoge dieser Serie auswendig aufsagen kann, weil man sie nächtelang laut genug verinnerlicht hat. Vielleicht sollte ich einmal zum Gegenangriff übergehen, mich mitten in der Nacht mit einem Mikrofon vor ihrer Wohnungstür positionieren und den Palandt vorlesen! Das Problem ist nur: Am nächsten Morgen wird sie den ganzen Terror wieder vergessen haben – sie hat ja Alzheimer. Diese Frau kann einen in den Wahnsinn treiben wie ein BSE-Rind. Lange nichts mehr vom Rinderwahn gehört, von meiner Nachbarin aber gerade erst wieder letzte Nacht… ICH BRAUCHE RUHE! ICH MUSS LERNEN! Da könne man leider nicht viel machen, sagen die Polizeibeamten, die wir dann doch ab und an rufen müssen, wenn die werte Nachbarin sich gar nicht mehr einkriegt. Sie stelle halt keine ausreichende Gefahr für ihr Umfeld dar und deshalb könne man sie auch nicht so ohne weiteres aus eben diesem entfernen und ins Heim verfrachten. Keine ausreichende Gefahr für ihr Umfeld? Hallo?! Wenn ich nicht genug und vor allem erholsamen Schlaf bekomme, werde ICH zur Gefahr für meine Mitmenschen! Und wenn ich unausgeschlafen bin, dann kann ich nicht effektiv lernen und wenn ich nicht effektiv lernen kann, dann werde ich kein guter Jurist und wenn ich dann mit gefährlichem Halbwissen auf den Arbeitsmarkt stolpere und auf die Menschheit losgelassen werde – das soll keine Gefahr darstellen? Schon mal was von Kausalität gehört? Conditio sine qua non?! Na gut, ich gebe zu – das ist vielleicht doch etwas weit hergeholt. Kommen wir zu etwas Nahliegendem: Diese Frau muss ins Heim! Vielleicht in das Altersheim, das schräg gegenüber von unserem Haus liegt. Da kann sie dann schreien, so laut sie will – man wird sie nicht hören. Denn an diesem Altersheim finden gerade Umbauarbeiten statt. Spätestens um acht Uhr früh wird man von einem freundlichen Presslufthammer geweckt…wenn man nicht eh die ganze Nacht wach war und den Golden Girls

gelauscht   hat…
Morgen mache ich es wie Herbert und kaufe mir
Ohrstöpsel.

Deine Nina

(März 2010)

Nina hat Albträume

Liebes Tagebuch!

Der Wecker klingelt – heute ist Prüfungstag!
„Tonight's gonna be a good night…" singen mir
die Schwarzaugenbohnen aus dem Radio
entgegen. Vor „tonight" hat der liebe Gott aber
noch „today" gesetzt. Und today gilt es, die erste
Prüfung hinter sich zu bringen. Es ist mein
Freischuss, also kann ich eigentlich entspannt an
die Sache rangehen. Gelernt habe ich genug –
keine Frage. Aber habe ich auch das Richtige
gelernt?!
Naja, irgendwie ist das Ganze ein großes Spiel,
bei dem etwas Glück dazu gehört. So wie bei
dem Kartenspiel Bohnanza, einem meiner
Lieblingsspiele. Man versucht, während seines
Studiums so viele Bohnen wie möglich
gewinnbringend anzubauen, seien es
Betrugsbohnen, Bohnen aus GOA oder

Fortsetzungsfeststellungsbohnen, um sie am Ende des Studiums zu ernten und möglichst viele Punkte zu kassieren. Und mit diesem Vorsatz starte ich in Richtung JPA – Punkte kassieren natürlich, nicht Bohnen ernten! Dort angekommen werde ich bereits vom Pförtner empfangen, der mich in einen kleinen Raum begleitet. Eine Prüfungskommission von drei Mann erwartet mich und ich nehme Platz. Ein bisschen wundere ich mich schon, denn ich dachte, es sei eine schriftliche anonymisierte Prüfung. Aber wer weiß – Prüfungsordnungen ändern sich ja schneller, als ein Schwein blinzeln kann. Und schon geht es los mit der ersten Frage: „Wie viele Staffeln lang lief die Serie „Golden Girls"?"

Hä?! Ich kann zwar sämtliche Dialoge dieser Serie mitsprechen, aber ich verfüge nicht über das notwendige Hintergrundwissen. Man könnte sagen, ich bin verfügungsbeschränkt... Und anscheinend habe ich im Rep wohl einiges verpasst. Also wende ich mich an die Prüfer: „Sagen Sie, ist das wirklich der Stoff der Prüfungsordnung?" „Wir stellen hier die Fragen!" brüllt mir der eine Prüfer entgegen. Okay, okay. Anscheinend ist das hier kein netter Wissenstest wie bei Günther Jauch, sondern eher ein Verhör beim BKA. Ruhig bleiben, denke ich mir. Wenn der Prüfer dir gleich mit Folterandrohungen kommt, verweist du auf die EMRK und den Fall Daschner. Aber noch geht es um die Golden Girls und da helfen einem auch keine Menschenrechte weiter. Verdammt, diese Bildungslücke weitet sich zu einem Abgrund, in dem ich zu versinken drohe. Was zum Geier hat das alles bitte mit Jura zu tun? Und noch während mir bewusst wird, dass ich mir diese Frage bereits während meines Studiums des Öfteren gestellt habe, höre ich den Prüfer sagen: „Nehmen Sie den Publikumsjoker oder wollen Sie jemanden anrufen?" Da der Mangel an Publikum keine Gewährleistungsrechte auslöst, wähle ich den Telefonjoker. „Ich rufe die Programmdirektion von Kabel Eins an!" Dort laufen die Golden Girls nämlich im Nachtprogramm. Was für ein kluger Schachzug von mir! Leider antwortet Kabel Eins auf meine Frage mit „Wir nehmen Ihren Anruf in Kürze entgegen!". Und diese Kürze ist den Prüfern zu lang. Also versuche ich ein letztes Mal durchzukommen, aber wieder klingelt nur der Wecker. Der Wecker klingelt?! Der Wecker klingelt – heute ist Prüfungstag! „Tonight´s gonna be a good night…" singen mir die Schwarzaugenbohnen aus dem Radio entgegen. AAAAAAAAAH!

Deine Nina

(April 2010)

Nina hat geschrieben

Liebes Tagebuch!

Stell dir vor, du bist ein Luftballon. Du fliegst durch die Wüste und genießt den Sonnenschein. Plötzlich rammst du einen Kaktus… So ungefähr fühlt es sich an, wenn das schriftliche Staatsexamen hinter einem liegt! Und wenn man diesen Marathon von Klausuren überstanden hat, dann stellt man sich schon mal die Frage, warum man denn um Himmels Willen ausgerechnet Jura studieren musste. Ja, wie bin ich nur auf diese folgenschwere Idee gekommen? Ich habe keine Anwaltseltern und auch sonst sucht man in meiner Verwandtschaft umsonst nach juristischem Beistand. Wahrscheinlich habe ich Jura studiert, weil es mir Spaß macht, Fälle zu lösen. Schon als kleines Kind habe ich jeden Abend „Die Drei Fragezeichen" gehört –auf Kassette, falls es noch Wesen auf diesem Planeten gibt, die sich an dieses Medium erinnern können. Außerdem durfte ich mit meiner Mama zusammen den Freitagabendkrimi gucken – so etwas kennen die meisten Jugendlichen von heute wohl auch nicht mehr. Liebe Kids: Früher gab es den Krimi noch im Fernsehen und nicht auf den U-Bahngleisen… Naja, und dann gab es da noch TKKG, Derrick, Der Alte, Ein Fall für Zwei, Allein gegen die Mafia, Miss Marple und Hercule Poirot. Sollte hier der Eindruck entstehen, ich hätte meine gesamte Jugend vor dem Fernseher verbracht, so kann ich nur sagen…ich sage nichts ohne meinen   Anwalt!

Als ich dann – endlich erwachsen – im ersten Semester in der Vorlesung für Zivilrecht saß und der Prof den Mund aufmachte, dachte ich, mich trifft der Schlag! Nicht wegen dem, was er gesagt hat (diese Phase kam dann auch noch), sondern WIE er es gesagt hat. Seine Stimme…das konnte doch nur…das musste doch eigentlich…das war doch auf jeden Fall die Stimme von Justus Jonas von den Drei Fragezeichen!!! Wie gut, dass man heutzutage einfach mal googeln kann. Wie schlecht, wenn man dadurch zu der Erkenntnis gelangt, dass der BGB-Prof niemals in seinem Leben Synchronsprecher von Justus Jonas war. Aber er klang wirklich haargenau so und ich muss das wissen, so oft, wie ich die Drei Fragezeichen rauf- und runter gehört habe. Ob Justus Jonas oder nicht – die Zivilrechtvorlesung war meine Lieblingsveranstaltung!

Es ist doch so: Wenn jemand eine tolle Stimme hat, dann wird der Inhalt des Gesagten schnell zur Nebensache. Das ist ja eigentlich schlecht, wenn man sich etwas merken will. Andererseits ist mir aufgefallen, dass mein Gehirn diese Hörspielkassettenvorlesungen wesentlich leichter speichern konnte, als Vorlesungen, in denen die Tonlage des Profs der einer verstimmten Geige ähnelte. Im dritten Semester besaß der Ö-Recht-

Prof eine so angenehme Stimme, dass ich sie sogar während der Klausur im Ohr hatte. Wie eine Kassette spielte diese innere Stimme ganze Passagen aus der Vorlesung ab. Irre, oder??? Die Phase vor dem Staatsexamen hat sich somit nur unwesentlich von meiner Kindheit unterschieden: einen Haufen Fragezeichen im Kopf und ab und an auch mal Bandsalat. Und wie ich mich jetzt nach meinem schriftlichen Examen fühle, dürfte ja nun wohl auch klar sein...

Deine Nina

(Juni 2010)

Nina im Fußball-Fieber

Liebes Tagebuch!

Endlich, endlich ist es Sommer und ich bin schon wieder krank – ich habe WM-Fieber! Und dank Uwe Seeler...äh...Vuvuzela bin ich auch fast taub. Ein Gutes haben diese Tröten dennoch: wenn ich Fußball schaue, dann hat meine laute Nachbarin keine Chance mehr auf Gehör! Vuvuzelas machen schon einen sehr speziellen Krach, mit dem kaum etwas anderes mithalten kann. Meine Mutter suchte neulich die dicke Hummel in der Küche, bis sie merkte, dass im Wohnzimmer die Fernsehübertragung von Südafrika gegen Mexiko lief. Mein Vater meinte daraufhin nur trocken, er habe schon öfter eine dicke Hummel in der Küche gesehen. Charmant, charmant.

Die Vuvuzelas hören sich aber auch wirklich an wie ein Schwarm wildgewordener Insekten. Ob es sich jetzt um Hummeln, Hornissen oder Bienen handelt – der eingefleischte Jurist überdenkt natürlich sofort die Eigentumsverhältnisse gemäß § 963BGB. Doch Recht ist momentan recht unbedeutend für mich, denn ich bin voll auf Fußball eingestellt. Ich stehe sozusagen im Abseits der Paragraphen! Bislang hat noch kein Schiri deshalb gepfiffen...

Gegen das WM-Fieber ist die Schweinegrippe völlig harmlos gewesen. Mich würde es nicht wundern, wenn die Bundesregierung demnächst erwägt, einen kostenlosen Impfstoff herauszugeben, um den Lärmbelästigungen entgegenzuwirken und die öffentliche Sicherheit und Ordnung wiederherzustellen. Wenn der Ball rollt, dann spielt die Welt halt verrückt, vor allem die männliche! Neulich war ich abends in einer Bar und da fragte der Typ vom Nebentisch die Kellnerin doch tatsächlich, ob er nochmal die gelbe Karte sehen könne...

Das letzte (und entscheidende) Gruppenspiel von Deutschland gegen Ghana kann ich leider nicht sehen und vielleicht ist das auch besser so, wenn man an das vorherige Spiel gegen Serbien denkt. Deutschland ist noch nie in der Vorrunde ausgeschieden, das wäre eine Blamage! Das wäre ungefähr so, als würde man beim Staatsexamen das Deckblatt ausfüllen und dann abgeben. Sollte dem so sein, werde ich es jedenfalls nicht live miterleben – ich gehe nämlich zu Bodo Wartke. Seine Auftritte sind immer schon Trillionen Jahre im Voraus ausverkauft. Wie gut, dass meine Schwester Karten in der Steinzeit besorgt hat, zu einem Zeitpunkt, an dem an Fußball-WM noch niemand zu denken wagte. Nun bräuchte ich mal ganz dringend einen Nina-Klon! Den Nina-Clown gibt es ja bereits... und Bodo Wartke ist auch so einer, ein Comedian, oder noch treffender: ein Musik-Kabarettist. Und da hat sich dieser Scherzvogel doch gedacht, er legt einen seiner Auftritte einfach mal auf ein Deutschlandspiel... Na wartke...ich werde meine Vuvuzela mitnehmen!

Deine Nina

(Juni 2010)

Nina ist heiß

Liebes Tagebuch!

Mir ist sooo heiß – ich bekomme sogar einen Schweißausbruch, wenn ich nur den Stift in die Hand nehme, um einen neuen Eintrag für dich zu verfassen. Ich brauche dringend Urlaub von dieser Großstadthitze! Nächste Woche fahre ich an die Ostsee und ich freue mich schon wahnsinnig darauf. Nächste Woche kommen auch die Ergebnisse der Schriftlichen raus und wenn ich daran denke, dann fange ich schon wieder an zu schwitzen. Also lasse ich es lieber. Ich genieße den Sommer, die Sonne und die freie Zeit, die ich in absehbarer Zeit am Strand oder im kühlen Meer verbringen werde. Es muss doch mal eine Zeit geben dürfen, in der man ohne Paragraphen lebt, oder nicht?! Ein kleiner rechtsfreier Raum – zumindest in meinem Kopf. Das habe ich mir doch wohl wirklich verdient, nach der schweißtreibenden und endlos langen Vorbereitungszeit auf das Examen… eine schweißfreie und endlos lange Zeit ohne irgendwelchen Jurakram. Es ist ja nicht so, dass ich keinen Gefallen an Mord und Totschlag, unerlaubten Handlungen und rechtswidrigen Verwaltungsakten finde – aber ab und an muss man sein Recht auf Abstand von dem Paragraphendschungel eigenmächtig durchsetzen und in Urlaub fahren. Das ist dann so was wie Selbsthilfe im Sinne von §§ 229 ff BGB. Ich werde einfach mal abschalten, die frische Seeluft einatmen, frische Fischbrötchen essen, an nichts denken, was rechtlichen Bezug hat, also vollkommen entspannen. Ich werde im Strandkorb sitzen mit einem dänischen Eis in der Hand und werde vollkommen glücklich und zufrieden den Sonnenuntergang am objektiven Empfängerhorizont genießen. Bis bald, liebes Tagebuch!

Deine Nina

(August 2010)

Nina kann sich freuen

Liebes Tagebuch!

Eigentlich dürfte ich dir gar nicht schreiben, denn eigentlich müsste ich lernen. Und eigentlich müsste ich wahnsinnig froh darüber sein, denn ich lerne für die mündliche Prüfung! Jeder Jurastudent weiß, welche Bedingung beim Staatsexamen nach der Conditio-sine-qua-non-Formel nicht hinweg gedacht werden kann, ohne dass die mündliche Prüfung entfällt... Also habe ich wirklich Grund zur Freude, dass ich die

Schriftlichen erfolgreich hinter mir gelassen habe. Wenn da nur nicht noch diese mündliche Prüfung wäre!

In meinem Vortrag habe ich Strafrecht als Rechtsgebiet gewählt und um mich darauf einzustimmen, habe ich bereits einen Krimi von Mary Higgins Clark gelesen. Wenn es in dem Vortrag also um Entführung, Nötigung und Freiheitsberaubung gehen sollte, kann ich auf jeden Fall mitreden. Ich hoffe, die Prüfer haben sich vorsorglich mit dem amerikanischen Rechtssystem vertraut gemacht...

In der Mündlichen soll es ja in erster Linie auch gar nicht um reine Wissensabfrage gehen, habe ich gehört. Es sei vielmehr so etwas wie ein psychologischer Test. Vielleicht sollte ich also wirklich gar nicht mehr lernen, sondern besser ein paar Ausgaben „Psychologie heute" lesen?! Aber die Psychologie von heute kann morgen ja schon wieder Schnee von gestern sein. Wenn ich aus dem Fenster gucke, dann scheint mir das angesichts des Winteranfangs sogar sicher. Bleibt mir doch nichts anderes übrig, als zu lernen? Liebes Tagebuch, was glaubst du denn, was ich die letzten anderthalb, ach, was sag ich – FÜNF Jahre meines Lebens gemacht habe?!!! Wie kann sich ein Kopf danach nur so leer anfühlen?
Angesichts der mündlichen Prüfung tauchen ja noch ganz andere Fragen auf, die nicht

juristischer Natur sind: Was ziehe ich bloß an? Diese Frage macht einem weiblichen Wesen ja noch viel mehr zu schaffen, als der ganze fachliche Kram. Darf ich überhaupt Schmuck tragen? Was ist mit meinen Lieblingsohrringen, die mir schon in der Schriftlichen viel Glück gebracht haben? Darf ich sie tragen, wenn ich mich bereits für eine fette Kette entschieden habe, die das Tattoo auf meinem Oberkörper verbergen soll? Scherz bei Seite – so eine fette Kette gibt es gar nicht. Und um dich wirklich zu beruhigen: es gibt auch kein Tattoo, das es zu verbergen gilt. Aber die Ohrringe müssen sein, ohne sie bin ich einfach aufgeschmissen. Welches Outfit passt denn bloß dazu? Du siehst, liebes Tagebuch, bevor ich überhaupt lernen kann, muss ich mich zunächst um die wesentlichen Dinge kümmern. Wenn ich diese existenziellen Fragen erstmal geklärt habe, dann ist der Rest doch ein Kinderspiel. Und dann kann ich mich auch darüber freuen, dass ich für die mündliche Prüfung lernen darf!

Deine Nina

(September 2010)

Nina hat's geschafft

Liebes Tagebuch!

Es war einmal...das Staatsexamen! Nein, ich erzähle keine Märchen, es ist wirklich Realität: Ich habe es endlich hinter mir! Geschafft habe ich es – und geschafft bin ich auch. Allein für dieses befreiende Gefühl danach hat es sich gelohnt, zu studieren.

Vor der mündlichen Prüfung hatte ich mächtig Respekt. Ich glaube, es gibt nur sehr wenige Menschen, denen das anders geht und die sich ihr ganzes Leben lang auf den Tag der mündlichen Prüfung freuen... Dann war sie plötzlich da, die Mündliche. Eben noch an der Uni, jetzt auf unserer Showbühne, so kam es mir vor. Für Langschläfer sind solche Prüfungen echt nicht gemacht! Morgens um acht ging es los. Wir wurden einzeln aus dem Warteraum „abgeführt" in den Vorbereitungsraum, und nach einer Stunde Vorbereitung wird man dann mit seinem Vortrag auf die Prüfer losgelassen. Dann geht es zurück in den Warteraum und dann wieder in die einzelnen Prüfungsabschnitte. Prüfungsraum, Warteraum, Prüfungsraum, Warteraum...und täglich grüßt das Murmeltier. Wenn man sich gerade mit dieser Prozedur abgefunden hat und schon davon ausgeht, für den Rest des Lebens nichts anderes mehr zu machen, dann ist das ganze Spektakel plötzlich vorbei. Irgendwann am Nachmittag. An sich ist die mündliche Prüfung nicht schlimm. Schlimm ist das große Warten dazwischen. An alle, die es noch vor sich haben: Nehmt euch einen besten Freund mit, oder eine Yogamatte. Oder beides. Und was das Outfit angeht: Keep on chilling! Am Tag meiner mündlichen Prüfung bin ich sowohl schwarzen Lack-Peeptoes als auch Nasenpiercings begegnet. Zur allgemeinen Beruhigung nicht bei den Prüfern und nicht in Kombination... Was ich aus dieser Prüfung fürs Leben gelernt habe? Wichtig ist, niemals aufzugeben! Auch nach einem verk..orksten Vortrag kann die restliche Prüfung spitzenmäßig laufen. Und wenn du unter den Prüfern einen Reiki-Meister zweiten Grades zu sitzen hast, dann weisst du sowieso, dass die Macht mit dir ist, egal, was passiert. Und nun? „Was bist du denn jetzt?", fragten meine Eltern, die Nicht-Juristen. Ja, was bin ich denn jetzt überhaupt (außer geschafft)?! Rechtbaldreferendarin, aber das war ich ja auch schon vorher. Auf jeden Fall noch keine Volljuristin, also wohl eher Halbjuristin. Nichts Halbes und nichts Ganzes. Toll, wirklich toll. Und das nach einem anstrengenden Studium und einer nervenzerrenden Abschlussprüfung. Aber eins bin ich auf jeden Fall: froh, wahnsinnig froh, es hinter mir zu haben!

Deine Nina (Oktober 2010)

Nina hängt in der Luft

Liebes Tagebuch!

Nun bin ich also keine Studentin mehr. Und je länger ich darüber nachdenke, desto unverantwortlicher erscheint es mir, die juristische Fakultät so völlig ohne meinen Einfluss zu lassen.

Also habe ich dafür gesorgt, dass ich – wie eine Katzenkönigin – mittelbar das Geschehen an meinem alten Fachbereich lenken kann. Damit du nun nicht lange rumrätselst: Meine Schwester und mein Bruder haben gerade ihre juristische Erstsemesterwoche hinter sich gebracht. Der für eine mittelbare Täterschaft erforderliche Defekt besteht bei den beiden darin, dass sie (jedenfalls noch) beide mit einem gesunden Menschenverstand gesegnet sind. Dieser lässt bekanntlich im Laufe des juristischen Studiums erheblich nach. Natürlich gibt es Ausnahmen und eine davon schreibt gerade Tagebuch…

Ansonsten hänge ich so ein bisschen in der Luft herum, was bei dem stürmischen Wetter ganz schön unangenehm ist. Das Referendariat beginnt ja frühestens und wenn überhaupt mit ganz viel Glück und Daumendrücken im Februar und bis dahin muss ich mich gegenüber Nichtjuristen für diese unfreiwillige

Inderlufthängphase rechtfertigen. Was gibt es denn da bitte für einen anerkannten Rechtfertigungsgrund? Burnout nach Lernkoma?! Nein, so schlimm ist es um mich nicht bestellt. Mir geht es gut und meinem Rücken geht es auch immer besser. Ich schleppe ja nun tagtäglich keine schweren Wälzer mehr mit mir herum. Statt dem Palandt lese ich nämlich jetzt die Zeitung, und die ist luftig leicht! So wie mein Leben nach dem Staatsexamen. Bei Jurastudenten ist das wirklich seltsam – da kommt das sogenannte Studentenleben erst nach dem Studium… jedenfalls ist das bei mir so. Das einzige an diesem luftig leichten Leben, was mich stört, ist die Frage: Was willst du denn nun werden? Und: Wann bist du denn dann endlich fertig? Ich persönlich dachte, das wäre ich bereits!!! Und ICH stelle mir diese Frage auch nicht. Das machen die berühmten nichtjuristischen Eltern. Und diese beiden Fragen hören sich in meinen Ohren genau so krumm und schief an, wie die Frage: Wie viel Punkte gibt es nochmal bei euch?!

Ganz andere Fragen hingegen stellt mir meine Erstsemesterschwester: „Ist das Jura-Täschchen für Jurastudentinnen Pflicht?" und „Gibt es auch normale Leute am Fachbereich?" Was bitte ist ein Jura-Täschchen?! Die typische Tasche, die Jurastudentinnen tragen. Leicht zu finden im Internet oder an der Uni. Dunkelblaues

Plastikzeug mit hellbraunen Lederimitathenkeln. So eine Heißeluftundnixdahinter-Tasche. Nee, kenn ich natürlich nicht. Und ob es normale Leute bei Jura gibt – nee, jetzt nicht mehr. Ich bin doch fertig mit dem Studium ;)

Deine Nina

(November 2010)

Nina hält sich fit

Liebes Tagebuch!

Nun ist schon wieder ein neues Jahr am Start und ich wünsche uns, dass es ein entspanntes und dennoch spannendes Jahr wird. Vor einem Jahr war ich noch am Zittern, weil ich kurz vor dem schriftlichen Examen stand. Jetzt zittere ich höchstens, weil draußen sibirische Temperaturen herrschen.

2010 ist wie im Flug vergangen und es hat mir Flügel verliehen und zwar Staatsexamensflügel. Als nächstes muss ich dann wohl fliegen lernen... oh nein, nicht schon wieder! Vom Lernen habe ich ja nun wirklich genug. Wenn man aus einer intensiven Lernphase aussteigt, weiß man mit seiner freien Zeit erst mal gar nichts anzufangen. Diese Phase legt sich aber sehr schnell! So schnell, wie mein Studium beendet war. Rückblickend irre schnell. Ich kann manchmal immer noch nicht glauben, dass es nun vorbei ist. Keine durchfrorenen Stunden mehr im unbeheizten Hörsaal im Winter oder verschwitzte Stunden im unklimatisierten Hochsommerhörsaal. Nie wieder zerkochte Billigspaghetti mit Tomatenmatsche in der Mensa mit Schwimmhallenakustik. Kein Ellbogencheck mehr vor den Kopierern zu Hausarbeitszeiten. Oh man, wie ich die Uni vermissen werde!

Noch immer ist das Referendariat nicht in Sicht, aber das ist nicht so schlimm. Irgendwie halte ich mich über Wasser und auf Kurs und ein wenig Abstand zu den Paragrafen kann ich jedem Juristen wärmstens empfehlen. Zurzeit fülle ich meine freie Zeit mit ein paar Nebenjobs und mit Sport! Ja, du hast richtig gehört, liebes Tagebuch: Die Sofakartoffel (und diesen Titel verdanke ich auch meinem Studium) rollt sich vom Sofa runter, fühlt sich wie Kartoffelbrei und versucht, diesem Zustand zu entfliehen. Mein wichtigster guter Vorsatz im letzten Jahr war positives Denken in schwierigen Lagen. Wenn ich an die Prüfungen zurückdenke, dann gebe ich mir für die Umsetzung dieses Vorsatzes ein vollbefriedigend, ein gut....ach was sag ich: 18 Punkte! Im Jahr 2011 werde ich nun weniger meine Gehirnzellen als vielmehr meine Muskeln trainieren.

Zwei Mal die Woche gehe ich joggen, auch wenn ich so langsam laufe, dass ich sogar von den Nordic Walkern überholt werde. Und ich mache Yoga mit Barbara Becker, Ursula Karven und Ralf Bauer. Du siehst, ich bin in bester Gesellschaft, wenn ich mich mit herabschauenden Hunden herumschlagen muss. Nein – ich habe keine neuen Haustiere, die Yogaübungen haben nur ausgefallene Namen. Hiermit sende ich dir, liebes Tagebuch, einen entspannten Sonnengruß! Namaste.

Deine Nina

(Januar 2011)

Nina macht, was sie will

Liebes Tagebuch!

April, April – ich mache, was ich will! Ich schreibe nicht mehr. Keine Angst, liebes Tagebuch, dich meine ich nicht. Ich meine das Examen, den Verbesserungsversuch. Es ist ja nicht so, dass ich mich nicht verbessern kann oder will. Aber es ist nun mal so, dass ich auf gar keinen Fall nochmal lernen und Klausuren schreiben will. Außerdem gibt dir ja auch niemand eine Garantie für eine Verbesserung.

Mit meiner Note bin ich schon ganz zufrieden *und mit einem stressfreien Leben auch.* Warum also nochmal das Ganze auf sich nehmen? Es ist doch so schönes Wetter draußen! Nicht mit mir – das Wetter natürlich schon, das Examen natürlich nicht.
Du hast ja eh mitbekommen, dass ich eine Künstlerpause zwischen Examen und Ref eingelegt habe. Das ist übrigens eine große Kunst, das kann nicht jeder, schon gar nicht jeder Jurist. Der gemeine Jurist ist doch pausenlos den Paragraphen verschrieben und kann sich ein Leben ohne allabendliche Gesetzeslektüre kaum vorstellen. Ich kann mir ein solches Leben kaum vorstellen. Wenn man vor lauter Paragraphen das Leben nicht mehr sieht und man merkt, dass man immer musikalischer wird, weil einem sogar der Humor flöten geht, spätestens dann muss man die Reißleine ziehen. Ansonsten endet man wie Möllemann und das wäre doch schade. Klar, wenn man schon bestanden hat, dann geht man sicher viel lockerer in die Klausuren rein. Aber mal ehrlich: Ein Siebenmalfünfstundenklausurenprogramm ist unabhängig von jeder mentalen Verfassung kein Besuch in einer Wellness-Oase. Meine Mutter würde nun sagen „Kind, das ist das Leben auch nicht!" Naja, wenn jeder so denkt, dann ist das ja kein Wunder! Warum ist das Leben keine Wellness-Oase?! Gibt es irgendein Gesetz, in dem diese Aussage kodifiziert ist? Ungeschriebenes Gewohnheitsrecht, oder was?

Das Leben ist doch stark auslegungsbedürftig und wenn man das Ganze teleologisch betrachtet, dann sehe ich persönlich weder Sinn noch Zweck darin, mich erneut einem Klausurenmarathon zu unterziehen. Punkt.

April, April, ich mach halt, was ich will. Oh wei, oh wei – wir haben ja schon Mai! ;)

Deine Nina

(Mai 2011)

Nina sagt Servus

Aus dem Tagebuch einer Nichtmehrrechtbaldreferendarin

Liebes Tagebuch,

ich habe mich entschieden, erst einmal kein Referendariat zu machen. Damit bin ich also keine „Rechtbaldreferndarin" mehr, sondern eine „Ehernichtreferendarin". „Warum?", wirst du dich nun sicherlich fragen. Weil nach dem ersten Examens von der Lust auf Jura nur noch der Frust auf Jura übrig geblieben ist. Weil ich momentan gutes Geld verdiene, ohne Klausurenstress und Druck im Nacken zu spüren, und ich merke, dass mir das ganz gut tut. Meine Eltern, die Nichtjuristen, wissen glaube ich nicht so ganz etwas mit dieser Entscheidung anzufangen. Aber als sie das Wort „Geldverdienenundaufeigenenfüßenstehen" hörten, beglückwünschten sie mich dazu.

Anders meine Freunde, die Juristen (keine Sorge – ich habe nicht nur Juristenfreunde): „Dann bist du ja nur eine Halbjuristin, überleg dir das gut!" Meine Antwort: Ich bin Juristin, und zwar ganz und gar und nicht halb. Und diejenigen, die nach dem 2. Staatsexamen völlig wahnsinnig geworden sind, das sind Volljuristen. Und: Ich habe es mir gut überlegt. Nach dem 1. Examen hatte ich das Gefühl, ich falle in ein Loch, das so tief und dunkel ist, dass man sich selbst nicht mehr sieht. Und dann ist mir plötzlich ein Licht aufgegangen – Ich muss auf das achten, was ICH will, und nicht auf das, was andere von mir erwarten.

Wenn ich nicht als Anwältin oder Richterin arbeiten will, sondern etwas anderes machen möchte (zum Beispiel Tagebuch schreiben), dann mache ich das einfach. „Mit Jura kann man sooooo viel anfangen!", wird doch immer gesagt. Man muss halt nur irgendwann einmal damit anfangen damit, etwas anzufangen. Dafür muss man sich entscheiden und Entscheidungen sind oft nicht leicht zu verstehen – das habe ich ja im Studium gelernt! Wichtig ist allein, dass man sich treu bleibt und das Gefühl hat, dass sich das, wofür man sich entschieden hat, richtig anfühlt. Und wenn ich in ein oder zwei Jahren den Drang verspüre, doch noch Referendariat zu machen und es mir dann noch leisten kann, für wenig Geld zu arbeiten, kann ich immer noch ins Ref gehen. (Sollte ich es mir nicht mehr leisten können, da ich genug verdiene, wäre ich auch nicht traurig…)

Hiermit verabschiedet sich die Rechtbaldreferendarin von dir, liebes Tagebuch. Wir werden sehen, ob wir uns wiedersehen.

Deine Nina

(Oktober 2011)

Alex im Irrenhaus

Liebes Tagebuch,

mein Name ist Alexander und ich studiere im siebten Semester Rechtswissenschaften. Du kannst mich wie meine Freunde einfach Alex nennen. Anders als meine Vorgängerinnen, bin ich also männlich. Das bedeutet auch, dass es sich bei meinem ersten Tagbucheintrag um eine der ersten Gleichstellungen von Mann und Frau handelt und nicht umgekehrt. Du lässt mir also eine ganz besondere Ehre zuteil werden. Ich freue mich darüber, diesen Neuanfang mit dir zu schreiben. Dass ich im siebten Semester studiere, hat übrigens auch mit einem Neuanfang zu tun. Ich habe gerade mit der Examensvorbereitung angefangen. Und dabei kann ich nur sagen, dass mir vieles, was ich in den letzten drei Jahren mühsam für Klausuren gelernt habe, beim Wiederholen, wie neu vorkommt. Neu ist auch, dass ich einer von den wenigen bin, die an meiner Universität mit dem Ex-o-Rep Programm (Examen ohne Repetitor) auf das Staatsexamen lernen. Das heißt ohne privaten Repetitor und weitestgehend selbständig. Als Kontrolle habe ich nur meine Lerngruppe. Ich ahne, dass du mich jetzt für einen krassen Überflieger hältst, der immer nur neun Punkte und mehr in seinen

Klausuren schreibt. Nein, liebes Tagebuch, da hast du dich getäuscht. Ich bin nichts weiter als einer der vielen durchschnittlichen Studenten. Und bevor du mir die Frage nach dem Warum stellst, hier gleich die Antwort: Weil es für mich persönlich besser ist! Ich war mehrmals beim Repetitor und habe dort Probe gehört. Das war zwar besser als in den meisten Vorlesungen– im Gegensatz zu Professoren sind die meisten Repetitoren didaktisch begabt– aber ich fühlte mich wie in einem Irrenhaus. Lauter Studierende, die sich nach einer Weile nur noch erzählen können, wie schwer und schlimm ihr Leben gerade ist. Das war Weltuntergangsstimmung. In dem Wissen, dass ich diese Stimmung auch alleine erzeugen kann, habe ich auf einen Repetitor verzichtet. Stattdessen habe ich nun das Glück mit meiner Lerngruppe eine Schicksalsgemeinschaft gefunden zu haben, mit der ich die unvermeidlichen Höhen und Tiefen der Examensvorbereitung genießen kann. Ich will an dieser Stelle auch deutlich machen, dass die privaten Repetitoren für viele Studierende eine sehr gute Sache sind. Ich glaube aber, dass ich persönlich mit dem jetzigen Programm viel mehr Eigenverantwortung beim Lernen habe. Ob es letztlich besser ist, wird sich zeigen. Es ist auf jeden Fall günstiger. Ich bete jeden Tag zum lieben Gott, dass ich mich gerade nicht in der größten Selbstbetrugsphase meines Lebens befinde und den falschen Weg gewählt habe. Keine Neuheit ist es übrigens, wenn ich dir sage, dass die Universitäten seit mehr als hundert Jahren an der misslichen Lage von Studenten in der Examensvorbereitung nichts ändern und häufig der private Repetitor nötig ist. Das ist schlichtweg dilettantisch! Aber ein neues Jahr – ein neuer Anfang, für alle. Vor mir liegen viele weiße Blätter, die ich beschreiben werde.

Dein Alex

(Januar 2012)

Alex prüft die Liebe im Examen

Liebes Tagebuch,

letztens hat mich ein Freund gefragt, ob es möglich ist, während der Examensvorbereitung eine Beziehung zu beginnen oder ob das zu sehr auf die Note schlüge. Nach einem halben Jahr in der Examensvorbereitung war mein erster Gedanke: „In welchem Gesetz könnte die Liebe wohl geregelt sein?" Auch gab ich in den juristischen Datenbanken den Begriff „Liebe" ein. Zur Ehe findet sich dort von Hegel folgendes: „Die Ehe ist … so zu bestimmen, dass sie die rechtlich sittliche Liebe ist, wodurch das Vergängliche, Launenhafte und bloß Subjektive derselben aus ihr verschwindet." Ich gebe offen und ehrlich zu, ich war über das Ergebnis erschrocken. Weder im Grundgesetz, im Familienrecht oder in den Sozialgesetzbüchern ist der Begriff „Liebe" geregelt. Es gibt also für die Liebe keine Anspruchsgrundlage? Was sollte mein Prüfungsergebnis für seine Frage sein? (+) für: klar geht auf jeden Fall oder (-) für: in diesem Jahr geht nichts. Mist, dachte ich, jetzt musst du selbst denken. Beziehungen, die schon bestehen, haben es wahrscheinlich leichter, weil sich die Partner mit ihren Stärken und Schwächen schon gut kennen. Beziehungen, in denen beide Partner in einer Prüfungsphase sind, haben es sicher am besten, weil diese den Partner für seine Rücksicht bewundern können, obwohl er selbst nur lernt. Aber wie ist es mit dem Beginn einer Beziehung und all ihren Unsicherheiten? Mir fiel der Hohn von Anatole France ein, der in „Der fliegende Händler" schrieb: „Die Justiz ist sozial, und nur böse Geister wollen, dass sie auch menschlich und gefühlvoll sei." Haben wir in unserem Leben das zu erwarten? Was ist mit unseren Bedürfnissen nach einer liebevollen Berührung, jemandem, der einen versteht, oder einem Blick, der alles sagt? Was passiert, wenn die Freundin nur Justitia heißt? Sie sieht gut aus, trägt ein tolles Kleid und hat einen ausgewogenen Charakter. Sie ist immer rational und macht Pro- und Contra-Listen. Aber was wahre Liebe angeht, ist sie echt blind. Bei einem Gang durch das juristische Seminar kam ich durch Zufall an der Bibel vorbei; streng genommen eine Rechtsquelle. Und da steht drin, die Liebe sei langmütig und freundlich, sie ertrüge alles, glaube alles, hoffe alles und dulde alles. Das sind doch selbst in anstrengenden Zeiten wie der Examensvorbereitung gute Voraussetzungen, um eine erfolgreiche Beziehung zu beginnen. Dann erträgt sie im schlimmsten Fall auch schlechte Noten. Und was verträgt die Note? Ich glaube, die verträgt einiges. Was soll ihr denn auch passieren? Ist die Liebe gut, wird sie einen beim Lernen beflügeln. Ist sie es nicht, wird sie einen nur behindern, wenn wir es selbst zulassen. Was also kann die Examensvorbereitung der Liebe entgegensetzen? Nichts! Dem Freund schrieb ich daher zurück „geht immer, also (+)". Und noch am gleichen Abend habe ich mich mit einer Freundin zum Abendessen verabredet. Die letzten Probeklausuren haben er und ich übrigens bestanden ;-)

Dein Alex

(April 2012)

Die Stunde des Siegers

Liebes Tagebuch!

Olympiade 2012 in London. Die Stunde der Sieger. Nach jedem Finale steigen sie auf das Treppchen und lächeln in ein ausverkauftes Stadion, in dem sie frenetisch bejubelt werden. Für den Sportler geht ein Traum in Erfüllung. Irgendwo in Deutschland 2012. Ein Student holt die Post. Öffnet hastig den einen Brief. Sein Magen möchte sich umdrehen. Alleine steht er in seiner Küche, die Spüle lebt seit langem in ihren eigenen Dünsten, entfernt knattert ein Presslufthammer. Der Student hat sein erstes Staatsexamen bestanden. Liebes Tagebuch, so endet etwa alle vier Jahre eine Olympiade auf der einen und eine Examensvorbereitung auf der anderen Seite. Dabei sind die Vorbereitungen sehr ähnlich. Bei uns Examenskandidaten geht es gleich zu Anfang in die heiße Phase des Wettkampfes. Mit vielen Anderen befinden wir uns plötzlich auf einem einjährigen Marathonlauf ohne Wasser- und Obststation. Um nicht völlig ins Schwimmen zu geraten, setzen wir uns mit ein paar Kommilitonen in ein Kanu und paddeln mit den Händen was das Zeug hält. Auf den letzten Metern ist schließlich jeder für sich. Es gilt nur noch über die Weltrekordmarke von 9 Punkten zu springen. Konzentriert formen wir unser Wissen zu einem Sprungstab und kleben unsere Hände daran fest. Uns stehen zwei Sprünge zur Verfügung. Bei der Olympiade sieht es zum Vergleich so aus: Ein Marathon ist nach ein paar Stunden vorbei, die Kanuten haben Paddel und ein Hochspringer kann für jeden kleinen Zentimeter, den er höher Springen will, dreimal anlaufen. Und in jeder Sportart tritt ein anderer Sportler an. Dazu kommt, dass jeder Sportler neben sich seinen eigenen Trainer und Arzt stehen hat, die bereit sind alles zu tun, was er braucht. Wir haben dagegen unqualifizierte und meist trinkfreudige Freunde zur Seite. Ich will nicht sagen, dass die Leistung eines Olympioniken nichts wert ist. Ich freue mich für sie und respektiere ihre hervorragenden Leistungen. Es ist nur wichtig, dass unsere Gesellschaft sich verdeutlicht, dass sich deutschlandweit viele junge Menschen im Staatsexamen einer der schwersten Prüfungen stellen, die Universitäten anbieten. Und was sie dafür tun ist, wie beschrieben, olympisch. Sowohl bei den Wettkämpfen, als auch im Staatsexamen sind die Startpositionen der Teilnehmer dabei höchst unterschiedlich. Einer leistet Pionierarbeit, indem er als erster seines Landes antritt oder als erster seiner Familie ein Studium abschließt. Der Nächste entstammt einem guten Sportverband oder wird durch eine Stiftung gefördert. Wieder ein anderer – und damit gehört er zu der größten Gruppe – wird ganz normal im Mittelfeld starten. Um seine Bemühungen zu belohnen, ist ein Platz auf dem Treppchen oder ein neun Punkte Staatsexamen sicherlich erstrebenswert. Was aber wirklich zählt, ist es bis Olympia oder bis zum Staatsexamen geschafft und dann seine bestmögliche Leistung abgeliefert zu haben. Unabhängig vom Ergebnis, läutet dann die Stunde des wahren Siegers!

Dein Alex

(September 2012)

Alex hat Tunnelblick

Liebes Tagebuch,

heute Morgen habe ich auf dem Weg in die Bibliothek darüber nachgedacht, wie der Schaden in Klausuren geprüft wird. Mit den Gedanken kam ich aber nicht weit, denn ich stieß mit einer Person zusammen. "Passen sie doch auf!", brüllte ich und schaute in das entsetzte Gesicht von einer Freundin. Sie duckte sich weg, als müsste sie sich im Urwald vor einem bissigen Tiger retten. Ich entschuldigte mich sofort bei ihr. Als sie sich wieder gefasst hatte, fragte sie mich, ob es mir gut gehe. Ich hätte so einen Tunnelblick. Natürlich sagte ich ja, ich müsste gerade nur viel lernen. Da wir uns lange nicht gesehen hatten, verabredeten wir uns zum Kaffeetrinken. Wir kannten uns vom Studienbeginn an und hatten immer gemeinsam etwas unternommen, obwohl sie zu Psychologie wechselte.

Bevor ich zum Kaffeetrinken ging, baute ich am Platz in der Bibliothek meinen Laptop ab. Dabei grübelte ich über die Frage nach, ob bei der Prüfung von § 812 BGB der Vertrag als Rechtsgrund durch den Rücktritt wirklich entfallen kann. "Ist doch egal, du musst los!", dachte ich und zog den Stecker aus der Dose. In diesem Augenblick reckten ein affirmativer Papagei, eine schlaue Schlange und ein dummes Faultier ihre Hälse und guckten mich an, als hätte der Tiger von heute Morgen soeben ins Trinkwasser gepinkelt. Der Stecker entpuppte sich nicht als meiner, sondern als der der Steckerleiste an der alle Laptops des Abteils angeschlossen waren. Damit hatte ich zwei Vormittage harter ungespeicherter Arbeit zunichte gemacht. Nur das dumme Faultier meinte, dass ich mir keine Sorgen machen solle. Den Endgegner von Diabolo II hätte es schon häufiger besiegt. In der Pause erzählte mir die Freundin, dass sie Studien über Studenten gelesen hatte, die ohne ärztlichen Attest Ritalin und andere Medikamente nehmen, um besser im Studium zu werden. Ich habe ihr gesagt, dass Jurastudenten so etwas mit ihrer hohen Moral nicht machen. Dabei überlegte ich, gegen welche Gesetze solche Studenten wohl verstoßen. Sie meinte nur, das sei doch unwichtig, ich solle bloß aufpassen, sonst würde ich vor lauter Bäumen den Urwald nicht mehr sehen. Abends packte ich als letzter meine Sachen und ging durch die frische Abendluft nach Hause. Der Weg führte durch die lange Unterführung einer Autobahn. Am Ende sah ich das Licht der Straße. Das Licht kam aber von der Mopedlampe eines Kommilitonen. Und während er mich mit dem Moped zu Boden riss, wusste ich: Ich - ich habe keinen Tunnelblick.

Dein Alex

(Mai 2013)

Alex hat den Berg Blues

Liebes Tagebuch,

seit mehr als einem Jahr stehe ich am Samstagmorgen auf und gehe in die Universität, um eine fünfstündige Probeklausur zu schreiben. Meistens wird ein Sachverhalt gestellt, der mich völlig überfordert. Dabei habe ich im Studium das eine oder andere Lehrbuch und Skript gelesen, ein Repetitorium und Wiederholungskurse der Fakultät besucht. Nahezu jedes sogenannte Problem befindet sich auf einer Karteikarte. Dazu treffe ich mich mit einer Lerngruppe, um Klausuren zu besprechen und alle mögliche Themen zu wiederholen. Übung und Wissen habe ich im Übermaß. Trotzdem lässt mich der Sachverhalt wie ein Ochse am Berg stehen. Dabei müsste ich längst über den Berg sein und endlich mit dem Referendariat anfangen. Aber nicht, dass dem so wäre. Wenn nach vierzehn Tagen die Klausur korrigiert zurückgegeben und besprochen wird, komme ich mir wie Sisyphos vor, der zusieht, wie sein Stein wieder bergab rollt. Nur ist mir nicht bewusst, welche Frevel ich begangen habe sollte, dass ich immer drittklassige Noten als Strafe verdient habe. Die Korrektur, sofern mit Hilfe eines Kryptographen entzifferbar, hilft kaum, eigene Fehler auszuräumen und zu entdecken: "Ihre Prüfung hat helle und dunkle Seiten" oder "Aus didaktischen Gründen darf ich Ihre Klausur nicht besser bewerten". Solche Anmerkungen sind echt super. Nachdem der Korrektor seitenweise Schlagwörter unterstrichen hat, um mir vorzugaukeln, dass er sich mit meiner Lösung auseinandergesetzt hat, verweist er mich zum weiteren Verständnis auf die Besprechung. Dort wird mir dann von einer wissenschaftlichen Hilfskraft oder einem Assistenten (viele Professoren sind scheinbar nicht in der Lage Klausuren zu besprechen) klar gemacht, was schon der Jurist Adolph Franz Friedrich Freiherr von Knigge im Jahre 1788 wusste: "Man sei äußerst vorsichtig im Schreiben,

Reden, Versprechen und Behaupten gegen Rechtsgelehrte. Sie kleben am Buchstaben; ein juristischer Beweis ist nicht immer ein Beweis der gesunden Vernunft; juristischer Ausdruck nicht selten einer andern Auslegung fähig als gewöhnlicher Ausdruck und juristischer Wille oft das Gegenteil von dem, was man im gemeinen Leben Willen nennt". Wieso funktioniert dann unser Rechtssystem überhaupt? Wahrscheinlich halten sich die Menschen an folgendes vom Freiherrn: "Doch was helfen alle Deklamationen (...) Einen besseren Rat weiß ich nicht zu geben als den: Man hüte sich, mit seinem Vermögen oder seiner Person in die Hände der Justiz zu fallen!" Und ich? Ich schreibe weiter, denn vielleicht macht das Sinn.

Dein Alex

(September 2013)

Der Anfang vom Ende

Liebes Tagebuch,

mein alter Freund. Wie lange kennen wir uns schon? Zwei Jahre? Mein Gott wie die Zeit vergeht. Wollte ich nicht schon vor einem halben Jahr mein Examen schreiben? Ja. Aber ich habe es nicht getan. Der nächste Termin ist dafür meiner. Ich habe mich angemeldet. Und wie lange studiere ich schon? Bald sechs Jahre. Warum hat das denn so lange gedauert? Ein leidiges Thema. War nicht vieles auch richtig gut am Studium? Ich habe viele Rechtsmaterien kennengelernt, deren richtige Pflege für unsere Gesellschaft nicht zu unterschätzen ist. Und ich werde den Rest meines Lebens wahrscheinlich daran teilhaben dürfen. Und während des Studiums? Du glaubst gar nicht, wie viele Freunde ich gefunden habe. Richtig gute Menschen. Leute die mich ernst nehmen und gleichzeitig den nötigen Humor haben, wenn ich zu ernst bin. Viele sind schon weggezogen und haben mit dem Referendariat begonnen. In meinem Freundeskreis vor Ort sind wir weniger geworden. Manchmal wird es dadurch sogar langweilig.

Waren wir nicht richtig klein, als wir anfingen zu studieren? Mann, was haben wir am Anfang noch unter der Woche gefeiert, als wäre das völlig normal. Haben wir die älteren Studenten nicht ausgelacht, als sie vor dem Examen immer früher zu Bett gingen? War es nicht sehr schwer neben all den vielen Angeboten der Universität, sich irgendwann auf das Jurastudium zu konzentrieren? Mir fällt gerade auf, dass mir schon lange kein Baumwollpulli mehr in der Wäsche eingegangen ist. Den Müll bringe ich auch nach draußen und mein Geschirr wasche ich regelmäßig ab, wenn auch noch nicht sofort.

Vieles hat sich geändert, und ich muss ein wenig darüber lachen, dass ich erwachsener geworden bin.

Wenn ich dieser Tage mit meinen Freunden etwas unternehme, lerne und diskutiere, dann merke ich, dass ich sie vermissen werde, wenn ich mit dem Referendariat in einer anderen Stadt anfangen werde. Keine Angst, ich weine nicht. Meine Augen sind nur glasig, wegen des Heuschnupfens, weil dieses Jahr vieles so früh aufblüht. Gleichzeitig freue ich mich darüber, dass das Studium endet. Ich habe herausgefunden, dass ich kein großer Wissenschaftler bin und dass ich praktisch arbeiten möchte. Auch wenn ich mit dem Studium lange gebraucht habe, gebe ich vor diesem Hintergrund Gottfried Keller Recht, der in seinem Gedicht „Die Zeit geht nicht" (1883) schrieb: „Es blitzt ein Tropfen Morgentau/ Im Strahl des Sonnenlichts;/ Ein Tag kann eine Perle sein/ Und ein Jahrhundert nichts."

Mit lieben Grüßen

Dein Alex

Drum herum (2007-2013)

Kollegen Diktatoren

Wohin eine juristische Ausbildung auch führen kann

Thomas Claer

Wenn Prominente sterben und dadurch noch einmal ganz besonders im Zentrum des medialen Interesses stehen, erfährt man aus den Nachrufen Dinge, die auch schon vorher zu erfahren waren, denn die Informationen waren jederzeit frei zugänglich. Aber dazu hätte man sich mehr für sie interessieren müssen und das hat man nicht getan. Und warum auch? Da man sich ohnehin ihrer ständigen Präsenz auf allen Kanälen erwehren muss, ist hier in der Regel nichts Überraschendes mehr zu erwarten. Zu den Prominenten im medialen Sinne zählen aber neben den notorischen Talkshowgästen, vom Partyluder bis zum Elder Statesman, auch die jeweiligen Objekte der Berichterstattung in den Nachrichtensendungen. Und niemand kann sich hier – der Befristung der Macht in den Demokratien sei es gedankt – einer größeren Dauerhaftigkeit der Erscheinung erfreuen als dämonische Diktatoren. Was sind die höchstens acht Jahre Amtszeit eines US-Präsidenten, ja selbst die ganz und gar außergewöhnlichen 16 Jahre Kanzlerschaft des Dicken vom Rhein (in Deutschland nur noch von 19 Jahren Bismarck getoppt) gegen die Herrschaftsdauer von Oberschurken wie Stalin (1922-1953), Fidel Castro (1959 bis heute) oder dem gerade frisch exekutierten Sadam Hussein (1979 bis 2003). Die extensive Kenntnis solcher Gestalten verbindet Generationen von Medienrezipienten. Der Hintergrund ist simpel: Eher geht ein Kamel durch ein Nadelöhr, als dass sich ein Herrscher eines Landes freiwillig aufs Altenteil begibt, man muss ihnen die Macht schon entreißen: durch Abwahl, Putsch, Revolution oder Intervention, je nachdem.

Und nun erfährt man also im Nachruf: Saddam Hussein war Jurist. Ohne Abschluss zwar, aber er studierte im Exil von 1959 bis 1963 Jura an der Universität Kairo. Das kennen wir ja in Deutschland auch: Regelstudienzeit vollständig absolviert, aber am Ende keinen Abschluss. In den meisten Ländern der Welt ist so etwas sehr ungewöhnlich. Wer nach oftmals strengen Aufnahmeprüfungen den begehrten Studiengang beginnen darf, der führt ihn, sofern er nicht die Mitarbeit verweigert, auch zu Ende. Anders ist es bekanntlich in Deutschland und anders war es auch im Falle Saddam Husseins, damals an der Uni Kairo. Es gibt allerdings Hinweise, wonach Saddam nur zum Schein (und weniger zum Scheinerwerb) studiert und sich tatsächlich im Wesentlichen der politischen Arbeit gewidmet hat. So soll er in dieser Zeit erste Kontakte zur CIA geknüpft und den erfolgreichen Putsch der Ba'th-Partei im Irak mit vorbereitet haben.

Können wir also beruhigt aufatmen und annehmen, dass eine anständige juristische Ausbildung vielleicht treue Staatsdiener, doch jedenfalls keinen blutrünstigen Despoten hervorbringen kann? Denn wer Recht studiert, so glauben wir gemeinhin, wird schließlich doch irgendwo für Fragen der Gerechtigkeit sensibilisiert. Und immerhin haben, soviel ist sicher, weder Hitler noch Stalin jemals Jura studiert.

Doch was ist mit der zweiten Reihe der Tyrannen? Der spätere professionelle Revolutionär Wladimir Iljitsch Lenin war gelernter Jurist. Allerdings konnte er erst 1891 nach einem Gnadenerweis sein Jurastudium beenden. 1887 war er von der Universität Kasan verwiesen worden, nachdem er an einem Studentenprotest teilgenommen und die Polizei die Verbindung zu seinem Bruder aufgedeckt hatte. Dieser war zuvor wegen versuchten Mordes an Zar Alexander III. hingerichtet worden. Lenins spätere Arbeit als Rechtsanwalt beschränkte sich auf einige wenige Fälle. Der wie Saddam jüngst verschiedene Diktator Augusto Pinochet (Amtszeit 1973 bis 1990) erwarb 1953 an der Universidad de Chile einen Abschluss im Fach Jura. Auch der unverwüstliche Fidel Castro begann 1945 ein Jura-Studium an der Universität von Havanna. 1950 promovierte er zum Doktor der Rechtswissenschaften und eröffnete eine Rechtsanwaltskanzlei, die er bis 1952 führte. Und Slobodan Milošević (Sorry, Peter Handke, dass er in dieser Reihe erscheint!), Amtszeit 1989 bis 2000, schloss 1964 sein Studium der Rechtswissenschaften mit dem juristischen Staatsexamen an der Universität Belgrad ab.

Liegt hier am Ende, die bange Frage bleibt uns nicht erspart, also nicht nur keine Unvereinbarkeit, sondern sogar eine auffällige Häufung vor, eine Korrelation zwischen juristischer Ausbildung und späterer Karriere als Diktator? Es sieht fast so aus, doch dürfte das einem anderen, viel banaleren Umstand geschuldet sein: Durch ihre formale Schematik unter Einschluss des Gesetzgebungs-Know-hows begünstigt vermutlich jede Juristenausbildung eine angestrebte politische Karriere bis hin zur Leitung der Staatsgeschäfte, gleich unter welcher politischen Konstellation sie sich dann verwirklichte. Man betrachte als Kontrollgruppe nur die bisherigen deutschen Bundeskanzler: drei Juristen (Adenauer, Kiesinger und Schröder) stehen zwei Historikern (Brandt und Kohl), jeweils einem BWLer (Erhard) und Weltökonomen (Schmidt-Schnauze) sowie einer Physikerin (Angie) gegenüber. Eher gegen diesen Befund scheint die Kontrollgruppe der Ost-Staatsratsvorsitzenden zu sprechen: ein Tischler (Ulbricht), ein Dachdecker (Honecker) und ein Lehrer (Krenz). Aber das liegt mutmaßlich an den besonderen Bedingungen des Arbeiter- und Bauern-Staates und der deutschen Teilung. Dafür sind Juristen (neben Beamten und Lehrern) derzeit und von jeher in sämtlichen deutschen Parlamenten überrepräsentiert, was letztlich auch die Wahrscheinlichkeit steigert, dass es einmal einer von ihnen nach ganz oben schafft.

(2007)

Der dicke Rote

Die Geschichte hinter dem „Schönfelder"

Jean-Claude Alexandre Ho

Im Vergleich mit dem kleinen Schwarzen sieht er nicht gerade verführerisch aus: der dicke Rote, auch „Backstein" genannt. Dennoch tragen ihn Juristinnen (und Juristen) tagein, tagaus, und plagen sich ab mit abertausenden losen Blättern, geordnet zwischen zwei harten roten Deckeln. Seit Juristengedenken gab es ihn nur als Loseblattsammlung, doch fast achtzig Jahre nach seinem ersten Erscheinen steht er wieder gebunden in den Bücherregalen. Benannt ist der dicke Rote nach Heinrich Schönfelder, dem „Sammler Deutscher Gesetze", wie ihn Hans Wrobel in seiner Biographie tituliert. Doch wer verbirgt sich hinter dem für Juristen „bekannten Fremden" (Wrobel)?

Geboren wird er als Heinrich Ernst Schönfelder am 16. Juli 1902 in Nossen, einem kleinen sächsischen Dorf südöstlich von Meißen. Ab Sommer 1916 drückt der junge Heinrich die Schulbank auf der Eliteschule St. Afra in Meißen, die auch schon Lessing besuchte. Dort lernt der sprachbegabte Schüler Heinrich neben den alten Sprachen auch Französisch und Italienisch. Vor allem Italienisch wird seinen Lebensweg mitbestimmen und später auch mit sein Schicksal besiegeln.

Der älteste Sohn eines Wäschefabrikanten fängt nach dem Abitur 1922 das Jurastudium in Tübingen an. Dort wird stud. jur. Heinrich Mitglied der schlagenden und farbentragenden Studentenverbindung „Landsmannschaft Schottland". Dieser bleibt er auch treu, nachdem er 1924 in Leipzig weiter studiert. Dort besteht er ein Jahr später das Referendarexamen mit „Befriedigend" und nimmt sogleich das Referendariat auf.

Während dieser Zeit lässt sich Schönfelder für einen Italienaufenthalt beurlauben und promoviert 1927 „cum laude" mit „Die Veredelung der Diktatur" über „die italienische Wahlreform des Jahres 1923". Das Wahlrecht im faschistischen Italien fasziniert den Italienliebhaber als Alternative zum Parlamentarismus Weimarer Art, mit dem er sich wie so viele Juristen seiner Generation nie anfreunden kann; ihn treibt die Sehnsucht nach dem „starken Mann", dem Diktator. Da mag es verwundern, dass der Mussoliniverehrer zu den „Märzgefallenen" gehört und erst nach der Machtergreifung der Nazis Parteigenosse wird. Weiter als bis zum Blockleiter vulgo Blockwart bringt es der angehende Volljurist später allerdings nicht.

Noch während des Referendariats tritt Schönfelder 1929 von sich aus an den Beck

Verlag heran, und zwar noch nicht mit der Gesetzessammlung, sondern mit Schulungsheften zu unterschiedlichen Rechtsgebieten, die noch heute unter „Prüfe Dein Wissen" (PdW) bekannt sind. Die Bände sind preiswert und richten sich an der höchstrichterlichen Rechtsprechung aus. Wie sehr sich Autor Schönfelder darum bemüht, immer aktuell zu bleiben, kann man beim Durchblättern der PdW-Auflagen vor und nach 1933 sehen: Vor der NS-„Machtergreifung" bilden Sachverhalte zum Republikschutzgesetz die Grundlage für Fälle, danach spielen einige Fälle vor dem Hintergrund der NS-Rassengesetze…

Diese Aktualität ist auch heute noch – wie sich zeigen wird – unauffällig sichtbar bei der Sammlung „Deutsche Reichsgesetze", die 1931 erscheint. Herausgeber: Heinrich Schönfelder. Im Jahr zuvor besteht Schönfelder die Große Juristische Staatsprüfung mit „Gut". Der frischgebackene Volljurist bleibt im Staatsdienst und in Sachsen: 1934 wird er schließlich zum Amtsgerichtsrat ernannt. Wie schon bei der PdW-Reihe treibt Schönfelder ein pädagogisches Anliegen beim „Schönfelder" um. Den jungen Juristen will der juristische „Großschriftsteller" eine günstige Sammlung mit den wichtigsten Gesetzen anbieten. Dazu führt Schönfelder über den einzelnen Vorschriften – in eckigen Klammern – inoffizielle Überschriften ein. Diese Methode wird der Gesetzgeber 70 Jahre später bei der Schuldrechtsmodernisierung adeln, indem er den BGB-Paragraphen offizielle Überschriften verpasst.

Eine andere Neuerung wird 1935 mit der 4. Auflage eingeführt: Der „Schönfelder" erscheint als Loseblattsammlung! Das ist zwei Jahre nach der NS-„Machtergreifung" nicht zufällig: Das Markenzeichen des „Schönfelders" verdankt sich der Flut der NS-Gesetze. Ein „sehr subtiles Memento an die Rechtsentwicklung zu Zeiten des Unrechtsstaats", wie Schönfelders Biograph Wrobel findet. Unauffällig sichtbar ist ein weiteres Memento im Inhaltsverzeichnis des „Schönfelders". Der heutige Studienanfänger mag sich gewundert haben, dass das erste Gesetz – das BGB – dort mit der Nr. 20 anfängt. Das erklärt sich ebenfalls mit der Gesetzesflut unter den Nationalsozialisten: So rangiert 1935 im „Schönfelder" das NS-Parteiprogramm an erster Stelle, danach folgen NS-Verfassungsgesetze, etwa das Ermächtigungsgesetz (Nr. 5) oder das sog. „Blutschande"-Gesetz (Nr. 12a).

Den Schöpfer des „Schönfelders" ereilt sein Schicksal in Italien. Heinrich Schönfelder wird im Zweiten Weltkrieg in die Wehrmacht einberufen und 1940 zur Luftwaffe abkommandiert. Dort erkennt man seine hervorragenden Italienischkenntnisse: Er wird 1942 als Kriegsrichter nach Italien versetzt. Am 3. Juli 1944 kommt er von einer Dienstfahrt in Norditalien nicht zurück, sein Dienstfahrzeug

143

wird von Kugeln durchlöchert aufgefunden. Es wird vermutet, dass er durch einen italienischen Partisanenangriff umgekommen ist. In den „Backsteinen" lebt der Name Schönfelders weiter.

(2008)

Zur Verfassungswidrigkeit des Richter-NC

Warum der Staat zu bequem ist, ein ordnungsgemäßes Auswahlverfahren durchzuführen

Marc Nüßen

Ein befreundeter Rechtsreferendar beklagte sich neulich über seine Klausurnoten im Assessorexamen. Seinen Traum von der Richterstelle könne er nun ad acta legen. Ich habe mich für ein Richteramt nie interessiert. Deshalb erfuhr ich an dieser Stelle zum ersten Mal von den Voraussetzungen, die ein Bewerber dafür erfüllen muss.

Das Justizministerium Nordrhein-Westfalen hat mit Erlass vom 29.06.1999 die Voraussetzungen für die Einstellung in den richterlichen Probedienst des Landes geregelt. Danach können auch solche Bewerber zu einem Auswahlgespräch eingeladen werden, die in der zweiten juristischen Staatsprüfung weniger als 9,0 Punkte aber mindestens 7,76 Punkte erreicht haben und sich durch besondere persönliche Eigenschaften auszeichnen. Dazu gehören beispielsweise hervorragende Leistungen im Abitur, im Studium, im ersten Examen oder in der Referendarzeit, aber auch besondere persönliche Fähigkeiten und Leistungen, welche die Persönlichkeit eines Richters positiv prägen. In den übrigen Ländern sieht es ganz ähnlich aus. Ich habe mir die Frage gestellt, wie sich eine derartige staatliche Maßnahme (die Beschränkung qua Erlass) mit der in Artikel 12 GG verbürgten Berufsfreiheit vereinbaren lässt. Art. 12 Abs. 1 S. 1 GG schützt nicht nur die Wahl des Arbeitsplatzes und die Wahl der Ausbildungsstätte, sondern auch die Wahl des Berufes selbst. Das Justizministerium –mithin der Staat- hat aber die Entscheidung getroffen, dass ein Assessor, der die zweite juristische Staatsprüfung mit einer geringeren Punktzahl als 7,76 Punkten abgeschlossen hat, den Beruf des Richters nicht ergreifen kann. Er ist somit in seiner Berufswahl beschränkt.

In § 5 Abs. 1 des Deutschen Richtergesetzes heißt es: „Die Befähigung zum Richteramt erwirbt, wer ein rechtswissenschaftliches Studium an einer Universität mit der ersten Prüfung und einen anschließenden Vorbereitungsdienst mit der zweiten Staatsprüfung abschließt." Die Befähigung zum Richteramt geht damit allein mit der Erlangung des Assessorgrades einher. Soweit die Theorie.

In der Praxis kann es aber sein, dass ein Kandidat im Mai das zweite Examen mit 6,9 Punkten abschließt, ihm der Vorsitzende der Prüfungskommission die Hand schüttelt und das Zeugnis überreicht, welches ihm die Befähigung zum Richteramt attestiert. Im Juni erfährt er dann, dass er zwar die Befähigung zum Richteramt hat, jedoch unfähig ist, Richter zu werden.

Art. 12 Abs. 1 GG sichert die Freiheit des Bürgers, jede Tätigkeit, für die er sich geeignet fühlt, als Beruf zu ergreifen (BVerfGE 30, 292, 334; 54, 301, 313; 71, 183, 201; 75, 284, 292; 77, 84, 112). Jeder Absolvent der zweiten juristischen Staatsprüfung –auch derjenige, der nur knapp bestanden hat- hat nachgewiesen, dass er in der Lage ist, die Anforderungen an die Arbeit des Richters zu erfüllen. Im schlechtesten Fall sind seine richterlichen Fähigkeiten immer noch „ausreichend". Ausreichend, um Recht sprechen zu können. Auch die Note „ausreichend" ist die staatlich verbriefte Qualifikation, den Beruf des Richters zu ergreifen. Derselbe Staat jedoch, der dieses Zeugnis ausgestellt hat, verweigert dem Bewerber gegebenenfalls wenige Wochen später bereits die Teilnahme an einem Bewerbungsgespräch.

Mit diesem Vorwurf konfrontiert werden sich die Verantwortlichen hinter blumigen Worten von der „Examensnote als einzigem objektiven Kriterium" zur „Bestenauslese" verstecken, zu der sie ja gemäß Art. 33 Abs. 2 GG verpflichtet seien. Gerade der Grundsatz der Bestenauslese beinhaltet aber auch die Gleichheit des Zuganges zu jedem öffentlichen Amt. Jeder Bewerber muss angesehen werden, bevor sich herausstellt, welcher der Beste ist. Eine Bestenauslese kann nur treffen, wer alle Kandidaten gesehen und gehört hat. Erst dann kann er eine Rangfolge herstellen, die ihm eine qualifizierte Auslese ermöglicht.

Diesem fairen Auswahlverfahren, bei welchem sich jeder Bewerber zumindest präsentieren kann, greift der Staat vor, indem er vorweg seine Kriterien verkündet. Wer diese nicht erfüllt, wird chancenlos zur Seite geschoben.

Die Bevorzugung „vollbefriedigender" oder besserer Absolventen ist sinnvoll und gut. Von einem Richter kann man –gerade in Zeiten eines enormen Bewerberüberschusses-überdurchschnittliche juristische Fähigkeiten erwarten. Diese können auch noch so gleißende besondere persönliche Fähigkeiten, neudeutsch *soft skills*, nicht ersetzen. Aus diesem Grund gibt es an den Auswahl*kriterien* nichts auszusetzen. Im Gegensatz zum Auswahl*verfahren*.

Statt für die freien Richterstellen aus den besten vorhandenen Bewerbern nach deren Bewerbung auszuwählen (meinetwegen mit einer Wertigkeit von 95% Examensergebnis, 5% besondere persönliche Fähigkeiten), legt der Staat einen absoluten Wert fest, den es zu erreichen gilt. Er nennt seine Wunschbewerber. Alle anderen fallen durch das Raster.

Die Numerus Clausus-Regelung im Hochschulzulassungsverfahren belässt jedem Supplikanten die Möglichkeit, bei ausreichender Wartezeit auch ohne exzellente Abiturnoten den gewünschten Studienplatz zu erhalten. Eine solche Möglichkeit gibt es im

Richtereinstellungsverfahren nicht. Sie liefe auch dem Zweck der Beschränkung zuwider: die Bewerberzahl und somit den Verwaltungsaufwand der Justiz möglichst gering zu halten. Dies geht jedoch zu Lasten eines fairen Verfahrens. Drastisch formuliert könnte man sagen, der Staat sei zu bequem, ein ordnungsgemäßes Auswahlverfahren durchzuführen. Dies wirft die Frage auf, ob ein solcher Grund den Eingriff in Art. 12 Abs. 1 GG rechtfertigen kann. Jeder Jurastudent im zweiten Semester ist eingeladen, gegenüber dieser Begründung die sogenannte Stufenlehre des Bundesverfassungsgerichtes in Ansatz zu bringen.

(2009)

Juristische Repetitorien

Ein polarisierendes Stück Rechtsgeschichte

Constantin Körner

Sie heißen Alpmann Schmidt, hemmer, Jura Intensiv oder JuriQ -Repetitorien scheinen heute aus dem Alltag der Juristenausbildung nicht mehr wegzudenken zu sein. Obwohl es seit Einführung allgemeiner Studiengebühren etwa in NRW zunehmend kostenlose Angebote (sog. Uni-Reps) der Fakultäten gibt, pilgern noch immer bis zu 90% der angehenden Juristen zu einem kommerziellen Repetitorium, um sich fit für das Examen machen zu lassen. Und nehmen dafür Kosten von nicht selten 150,- Euro monatlich in Kauf.

Dabei geht die Idee juristischer Repetitorien (=Unterricht zur Wiederholung eines bestimmten Stoffes, bes. an juristischen Seminaren, so der Duden) nicht etwa auf Josef Alpmann und Kurt Schmidt oder Karl E. Hemmer als den Gründern der heutigen Marktführer zurück, die ihre Dienstleistung seit Jahrzehnten an mittlerweile fast jedem Studienort anbieten. Stattdessen reicht deren Geschichte schon bis in das Mittelalter zurück.

Eine spannende Dokumentation dieser Geschichte bietet die 1994 veröffentliche Dissertation „Die Entstehung und Entwicklung des juristischen Privatunterrichts in den Repetitorien" von Stefan Lueg, erschienen im Verlag Peter Lang. „Die Idee stammt gar nicht von mir, sondern von Prof. Dr. Uwe Wesel. Nachdem er mein Prüfer im Zivilrecht war und es gut für mich lief, suchte ich ihn auf, um ihn als Doktorvater zu gewinnen. Er schlug dieses Thema vor, zumal sein Forschungsgebiet auch die Rechtsgeschichte umfasste", erinnert sich Lueg, den sein Studium über Marburg nach Berlin führte, wo er heute als Rechtsanwalt praktiziert. Damals reiste er an den Schwielowsee bei Potsdam, um ein dortiges Privatmuseum, das an die in ganz Preußen bekannte Schnellassessorenfabrik erinnert, zu besuchen. Danach stand für ihn fest: „Das Thema hatte mich gepackt!"

So trägt Lueg zusammen, dass es in Deutschland schon seit dem Ende des 14. Jahrhunderts Repetitorien gegeben habe. Allerdings fanden diese damals noch fast ausschließlich privat unter Studierenden selbst statt, da Erfolg und Misserfolg des Jurastudiums noch lediglich von Abschlussprüfungen an den jeweiligen Universitäten abhing - ein Umstand, der aus dem Einfluss des italienischen Systems auf die deutsche Juristenausbildung resultierte. Eine entscheidende Wende fand im Jahre 1693 mit der Einführung von Staatsexamen in Preußen statt. Von da an befähigten nicht länger die an der Universität erworbenen Abschlüsse, sondern nur noch eine erfolgreich absolvierte Staatsprüfung den Zugang zu bestimmten öffentlichen Ämtern. Hinzu kam die Einrichtung eines staatlichen Vorbereitungsdienstes mit der Justizreform von 1748. Spätestens durch das Preußische Landrecht von 1794 setzte es sich zunehmend durch, dass sich Studierende zur Examensvorbereitung in die Obhut eines Repetitors begaben. Dieser war da schon kein Mitstudierender oder ein Privatlehrer für Einzelunterricht mehr, sondern ein professioneller Repetitor, von dem sich die Studierenden besser auf die Examensanforderungen vorbereitet fühlten als durch ihre Professoren.

Zu den berühmtesten Repetitoren zählte Dr. Förstemann. Dessen „Schnellassessorenfabrik zu Baumgartenbrück bei Potsdam" war das größte und bedeutendste Repetitorium seiner Zeit. Sein Erfolgsrezept bestand vor allem in dem „codex aureus" - einer Sammlung aller Prüfungsfragen der letzten 20 Jahre. Schließlich nutzten so viele Prüflinge, die aus ganz Preußen zu einer zentral in Berlin abzulegenden Prüfung antreten mussten, die Dienste der Schnellassessorenfabrik, dass diese selbst bei Theodor Fontane Erwähnung findet. In seinem Werk „Wanderungen durch die Mark Brandenburg" beschreibt er, wie sehr der Ort vor den Toren Berlins von den zahlreichen Studierenden der Schnellassessorenfabrik geprägt wurde. Sogar so sehr, dass Fontane unter dem Eindruck Paragraphen paukender Examenskandidaten erst „eine Heilanstalt für gemütskranke Politiker" vermutete.

Bei so viel Zuspruch über Jahrhunderte der Juristenausbildung hinweg ist wenig überraschend, dass natürlich auch historische Persönlichkeiten Repetitorien besucht haben. „Nach Ablehnung seiner Abschlussarbeit `de legislatoribus` durch seine Fakultät im Frühjahr 1771 schrieb der junge Goethe, damals noch Student in Strassburg, mit Hilfe eines Repetitors seine Ersatzarbeit", weiß Lueg zu berichten. Kurt Tucholsky hatte die Täter mit den tierischen Namen Theobald Tiger und Peter Panter in den Strafrechtsfällen seines Repetitors Martin Friedländer sogar so lieb gewonnen, dass sie später als seine Pseudonyme Verwendung fanden. Der österreichische Schriftsteller Franz Grillparzer und der spätere Bundeskanzler Kurt Georg Kiesinger haben sogar selbst eine Zeit lang als Repetitoren gearbeitet.

Allerdings kam auch schon in der Vergangenheit laufend die Kritik vom „Repetitorenunwesen" insbesondere seitens der Professorenschaft auf, für die deren Erfolg schon immer mehr Fluch als Segen gewesen zu sein scheint. Woher stammt also dieser Erfolg? Für Lueg, der als Student selbst ein Repetitorium von Alpmann Schmidt besuchte, fällt die Antwort vielschichtig aus: „Zum einen bereitet der Repetitor auf die Fragen vor, die der Staat als derjenige, der die Prüfung abnimmt, stellt. Er ist aber auch Lehrer im klassischen Sinne und verschult den Unterricht im Unterschied zur universitären Vorlesung. Zum anderen trägt bei den Studierenden sicherlich die Kombination aus Examensdruck, Kostenpflichtigkeit des Unterrichts und guter Vermittlung des Stoffs zum Erfolgsrezept juristischer Repetitorien bei."

(2009)

Die eiskalte Akademie

Begegnung mit einem Repetitorium

Katharina Stosno

Ich liege im Bett und habe Schnupfen. Manch einer wird sich nun fragen: Was hat das denn bitte mit einem Repetitor zu tun? Ich kann da nur antworten: Es ist wie im Jurastudium – die Zusammenhänge begreift man erst im Laufe einer gewissen Zeit!

Es war Januar, kalt und matschig. Die besten Voraussetzungen für eine ordentliche Erkältung. Zwei fleißige Jurastudentinnen trotzten diesen Witterungsverhältnissen und standen zum einen im Schneematsch vor dem Universitätsgebäude und zugleich vor einer wichtigen Entscheidung. Eine Entscheidung, wie sie auch viele Nichtjuristen Ende September diesen Jahres zu treffen haben – Was wähle ich? Und: Gehe ich überhaupt wählen?

Zunächst wollten wir nicht wählen gehen; wir planten, uns ohne kommerziellen Repetitor auf das erste Staatsexamen vorzubereiten. Dann allerdings bekam meine Mitstreiterin kalte Füße und das lag nicht an der Jahreszeit, sondern an ihrer allgemeinen Verunsicherung, hervorgerufen durch andere Jurastudenten.

Da ich mich zwar ohne Repetitor, aber nicht ohne meine Mitstreiterin vorbereiten wollte und mir ein Lernen in totaler Isolation zu riskant erschien, musste auch ich mich für eines der vielen Repetitorien entscheiden. Die Frage war nur: für welches?

Eines davon war das noch relativ neue Repetitorium des Schreck Verlags *(Name von der Redaktion geändert)*: die Schreck Akademie. In Berlin gibt es von Schreck zwei Standorte: Dahlem in FU-Nähe und Mitte in HU-Nähe. Der erste große Streit entbrannte, denn ich wohne entgegengesetzt zu meiner Freundin und bevorzugte den Standort Dahlem, wohingegen für sie von der Lage her Mitte günstiger gewesen wäre. Wir einigten uns dann schließlich einstimmig – nämlich mit meiner einen Stimme, die etwas lauter war – und fuhren unangemeldet in Dahlem vorbei.

Fast hätten wir die Akademie nicht gefunden. „Akademie", abgeleitet vom Olivenhain des Helden Akademos, klingt groß und mächtig. Etwas versteckt und unscheinbar liegt sie, die Schreck Akademie, gegenüber der Domäne Dahlem.

Inhaltlich hat mir das Repetitorium gut gefallen. Eine klare Struktur der Veranstaltung und ausführliche, sowie übersichtliche Materialien. Der Referent war Spezialist für Strafrecht. Jung, dynamisch, freundlich und sehr engagiert – man kann über ihn nur Positives berichten. Es schien, als hätten wir das passende Rep gefunden.

Doch dann tauchten zwei schlagende Argumente auf, die uns dazu bewogen haben, Schreck nicht als Repetitor zu wählen: zum einen der Preis und zum anderen die Lernumstände.

Aus den Angaben auf der Homepage ging nicht sofort hervor, wie viel das Repetitorium insgesamt kostet. Das Programm ist nämlich unterteilt in Vollkurs, Intensivkurs und Klausurenkurs. Jeden Kurs muss man einzeln buchen und bezahlen. Der Vollkurs ist eine Wiederholung der Universitätsvorlesungen. Im Intensivkurs werden einem die examensrelevanten Gebiete nähergebracht. Und im Klausurenkurs, der immer freitags stattfindet, kann man die Klausuren vor Ort unter Aufsicht schreiben. Von einem Repetitorium erwarte ich, dass die Wiederholung des gesamten Stoffes mit deutlichem Bezug zu aktueller Rechtsprechung und examenstypischen Themen erfolgt. Dann muss man bei Schreck allerdings Vollkurs, Intensivkurs und Klausurenkurs zusammen buchen und das wird teuer – deutlich über 2000 €.

Es gibt einen weiteren Punkt, der negativ aufgefallen ist, gerade im Hinblick auf die hohen Kosten dieser Vorbereitung: Es handelt sich nämlich bei dem Ort um einen Altbau, der nicht, beziehungsweise nicht ausreichend beheizt ist. Trotz der Wolldecken, welche für jeden Kursteilnehmer bereit lagen, waren wir nach zwei Stunden dermaßen unterkühlt, als hätten wir sie in der Arktis verbracht. Aber wer weiß, vielleicht ist es aufgrund der Klimaerwärmung mittlerweile in der Arktis sogar schon wärmer, als es vergangenen Januar in diesem Altbau war. Angesichts des motivierten Referenten tut es mir leid, dass nur folgendes Fazit bleibt: Wenn man alles in allem für eine anständige Examensvorbereitung über 2000 € hinblättern darf, dann darf man auch erwarten, dass die Kurse in einem arbeitsfreundlichen Raum stattfinden – ohne Erkältungsgefahr.

(2009, bisher unveröffentlicht)

Bachelor ante Portas Iustitiae

Braucht die Juristenausbildung die Reform der Reform?

Patrick Mensel

In einem Wort: „McLaw". So bringt es der Bonner Juraprofessor Rainer Zaczyk treffend auf den Punkt, wenn es um die Einführung des Jura-Bachelors geht, und jeder, der sich mit dem Thema ernsthaft beschäftigt hat, muss mit einem lachenden und einem weinenden Auge an Zaczyks Artikel in der Neuen Juristischen Wochenschrift denken. Die Gräben zwischen den Bachelor-Befürwortern und den –Kritikern sind tief, genauso tief wie die Änderungen, die der derzeitigen Juristenausbildung drohen. Auslöser ist der Bologna-Prozess, der 1999 von Vertretern aus 29 Staaten in eben jener Stadt ins Leben gerufen wurde, um die Hochschulen zu internationalisieren. Seitdem sterben in Europa die traditionellen Abschlüsse aus und werden durch den Bachelor und Master ersetzt. In Europa gibt es sie bereits an 82% aller Hochschulen, und niemand zweifelt daran, dass die Reform weiter vorangetrieben wird. Nach und nach sind die Bastionen gefallen, wobei sich einige Fächer mit der Umstellung sehr schwer getan haben. Vor allem Mediziner und Juristen kämpfen erbittert um ihre alten Abschlüsse.

Für eine von Grund auf reformierte Juristenausbildung, ausgerichtet auf Bachelor- und Master-Abschlüsse, plädieren einige Landesjustizminister. Ihre verschiedenen Modelle stoßen aber bei den Rechtswissenschaftlern auf härtesten Widerstand. Es ist der „Bruch mit einer mehr als 800-jährigen Tradition", befand der Deutsche Juristen-Fakultätentag, und auch von anderen Seiten bleibt die harsche Kritik nicht aus. Man fürchte vor allem die Einbuße einer einheitlichen Qualitätskontrolle. Zwar hat jedes Bundesland seine individuelle Gewichtung bei den beiden Juristischen Staatsexamina gelegt, doch dabei bleibt die Homogenität und damit die Vergleichbarkeit hoch. Wenn nun jede einzelne Universität ihre selbst aufgestellten Prüfungen durchführt – so der DJT - , werde ein großes Durcheinander die Folge sein, bei dem Ausbildungsgefälle noch die harmlosesten Konsequenzen sein werden. Die Angst davor, dass dann auch andere Institutionen Abschlüsse anbieten, ist ebenfalls nicht unbegründet. Jedenfalls seien die Folgen „für die Rechtswissenschaft, das Ausbildungsniveau und die Gesellschaft unabsehbar". Der Widerstand wird im Juristen-Lager größer. So haben 234 Juraprofessoren eine Petitiongegen das berühmt-berüchtigte „Stuttgarter Modell" unterzeichnet, nach dem der ehemalige Justizminister Mackenroth (CDU) die Staatsexamina abschaffen will.

Nach derart harscher Kritik geht mancher Reformbefürworter einen anderen Weg, teils um seinen Kritikern den Wind aus den Segeln zu nehmen, teils um die heutige Juristenausbildung nicht gänzlich über Bord zu werfen. Es wird ein Mittelweg gesucht, und es werden Modelle vorgelegt, die zwar Bachelor und Master vorsehen, die Staatsprüfung dabei aber nicht aufgeben. Die Ergebnisse der Justizministerkonferenz im November 2008, von der sich viele mehr Bewegung in der Diskussion erhofften, waren bezüglich des Bologna-Prozesses eher verhalten. Der Koordinierungsausschuss hält weitere Evaluationen von Absolventenjahrgängen für notwendig und wikll spätestens 2011 darüber berichten. Viele – vor allem Nichtjuristen – können diese ganze Zögerlichkeit und Skepsis gegenüber den neuen Abschlüsen nicht so recht begreifen.

Dabei mag der Einwand , dass die Rechtswissenschaften reformfeindlich sind, zum vergangenen Jahrzehnt so gar nicht passen. Im Zuge der Juristenausbildungsreform 2003 wurde der Schwerpunktbereich als völlig neuer Studienabschnitt eingeführt. Wie der Name schon vermuten lässt, soll dem Studenten frühzeitig die Möglichkeit gegeben werden, sich zu spezialisieren. Dabei hat jede Universität den Stoff ihres Schwerpunktbereiches selbst bestimmt. Herausgekommen sind unzählige Schwerpunkte, die sich nicht nur in inhaltlicher, sondern auch in organisatorischer Hinsicht unterscheiden. Für den Studenten ist ein solcher Studienabschnitt sicher eine interessante Gelegenheit, über den Tellerrand der examensrelevanten Gebiete zu schauen. Allerdings beklagen viele Arbeitgeber die mangelnde Vergleichbarkeit der Schwerpunktbereiche. So müssen manche Studenten nur zwei Abschlussklausuren und anschließend eine mündliche Prüfung bestehen, während andere bis zu sieben Klausuren plus Seminararbeit absolvieren. Die Notenvergleichbarkeit ist auch nur schwer möglich. Der Schwerpunktbereich könnte als kleiner Zukunftsausblick auf den Bachelor dienen. Wie soll in einem solchen Durcheinander verschiedener Prüfungsordnungen noch Transparenz herrschen? Und so glauben viele, dass es den Staatsexamina nicht wie den Dinosauriern gehen wird, von denen die Wissenschaftler bis heute nicht wissen, woran sie tatsächlich ausgestorben sind.

(2010)

Ein x-beliebiger Tag!

Erlebnisbericht vom Praktikum in Brüssel

Arnd Wiebusch

Die Plastiktüte mit den Pommes in der Hand, schnell von Antoine ins Chez Bernard, fünf Tische zusammengestellt und bevor die Pommes gegessen waren kamen auch schon die 10-40 weiteren Praktikanten, mit denen man sich verabredet hatte.

Ich will aber mal von vorne anfangen. Als ich am ersten Morgen aufwachte, dachte ich: „Ach du meine Güte, was ist denn mit deiner Wohnung passiert, das ist ja das letzte Loch." Ich stand auf, rieb mir noch mal die Augen und blickte aus dem Fenster ... direkt auf eine Flagge der Europäischen Union. Die Erinnerung kam zurück: „Du bist jetzt in Brüssel, Junge."

Den Krawattenknoten gebunden, ging es aus der Tür. Brüssel Ende Januar, zwei Grad über Null, Regen. Die Frisur sitzt. Der erste Schritt aus dem Haus stellte sich als ein Fehler heraus. Ich traf direkt eine der vielen lockeren Bürgersteigplatten. Das bedeutete zurück ins Haus und rein in einen neuen, sauberen Anzug. Aus der Erfahrung schlau geworden, richtete ich meinen Blick von nun an immer auf den nächsten Meter Bürgersteig. Das einen Meter tiefe und 2 x 2 Meter große, nicht gesicherte Baustellenloch direkt vor meinem Bürogebäude erblickte ich dadurch erst sehr spät, allerdings noch früh genug.

Mit dem Fahrstuhl ging es in den fünften Stock. Eine der Managerinnen des Büros, welche für die nächsten acht Wochen meine Chefin sein sollte – nennen wir sie mal Frau L. – empfing mich bereits an der Eingangstür. Es folgte ein „kurzes" Einführungsgespräch, bei dem ich nach der zweiten Stunde nicht mehr sitzen konnte und zum Ende der dritten Stunde hin, das Lid meines rechten Auges zu zucken begann. „Ach ja, ich hatte vergessen zu Frühstücken. Zuckermangel!"

Zum Abschluss des Gesprächs klärte mich Frau L. darüber auf, dass sich die Mitarbeiter des Büros duzen würden. Bevor ich ihr die Hand reichen konnte und sagen „Freut mich Helga, ich bin Arnd", kam auch schon der Wink bzw. Schlag mit dem Zaunpfahl: „Wir werden uns allerdings weiterhin siezen, Herr Wiebusch."

Als das Gespräch dann endlich beendet war, sollte ich die anderen Mitarbeiter der Repräsentanz kennen lernen. Es wurde mir ein elegant gekleideter Mann vorgestellt, den ich für den „Oberboss" hielt. Der Name – Orlando Fernandez – verriet mir allerdings, dass ich falsch lag. Wie ich zuvor in einem Organisationsdiagramm des Büros gesehen hatte, war Orlando nicht der Chef, sondern der Chauffeur des Chefs und des Weiteren für allgemeine Dienste, wie kopieren und das Auffüllen des Kühlschranks, zuständig.

Die Arbeit begann... Nachmittags hatte ich dann schon die Hoffnung, Frau L. würde etwas auftauen. Sie fragte nämlich, ob ich heute Abend Zeit hätte. Natürlich hatte ich. Anstatt mich zum Essen einzuladen, drückte Frau L. mir jedoch eine Einladung in die Hand: „Neujahrsempfang des Freistaat Sachsen im Concert Noble."

Um 19 Uhr machte ich mich direkt aus dem Büro dorthin auf. In dem Eingangsbereich aus Marmor gab ich meinen Mantel ab und erhielt das erste Glas Champagner. Ich folgte der Masse und traf im vorderen Saal zu meiner Überraschung auf ein mir aus Bielefeld bekanntes Gesicht. „Susan!" Susan, stellte mir die beiden wichtigsten der 600 anwesenden Personen vor: Peggy und Matthias. Letzterer drückte mir während der Begrüßung gleich eine Visitenkarte in die Hand. Wie ich zu dem Zeitpunkt noch nicht wusste, ein Lottoschein, auf dem die 6 Richtigen schon angekreuzt waren.

Es blieb allerdings keine Zeit für ein längeres Gespräch, weil es auch schon weiter in den nächsten Saal ging, wo alle Gäste Platz nahmen. Kaum waren die großen Schiebetüren hinter uns geschlossen worden, begann die Chursächsische Philharmonie auch schon mit ihrem Konzert. Vor dem Tanzauftritt der sächsischen Spitzenprinzessinnen wurden noch einige Reden geschwungen.

Im Anschluss an die Aufführungen war endlich Zeit zum Essen und Reden. Damit auch zurück zu Peggy und Matthias. Wie der Name schon erahnen lässt, kommt Peggy aus dem Osten unserer Republik. Eine ihrer größten Qualitäten war es, Essen zu organisieren. Sie hatte die Gabe, die Kellner mit den Silbertabletts schon vor den anderen Gästen zu erblicken und brachte mir immer eine Kleinigkeit mit. Mal ein gebratenes Wachtelei, mal eine Mini-Pizza, mal einen kleinen Spieß oder auch mal ein Süppchen. Ich war deshalb so glücklich darüber, weil ich zuvor am Buffet an einer kleinen dicken Frau, die mich einfach weggerammt hatte, gescheitert war.

Matthias klärte mich währenddessen über das Programm an den nächsten Tagen und Abenden auf. Darin lag seine Stärke: Matthias hätte selbst den Bundesnachrichtendienst blass aussehen lassen. Matthias wusste einfach über alle Empfänge, Tagungs- und Diskussionsrundentermine Bescheid; das bedeutete: „Häppchen und Drinks satt."

Nach dem Empfang ging es mit ein paar Jungs, die ich dort kennen gelernt hatte, in einen der unzähligen Irish Pubs. In der Kneipe traf ich Michael. Okay, ihr fragt euch wahrscheinlich, wer Michael ist. Michael ist fast genauso wichtig wie Peggy und Matthias. Michael war nämlich Praktikant eines Europaparlamentariers. Die MEP's wiederum haben Assistenten und – jetzt kommt der Clou – Assistenten können einem einen Wochenausweis für das Parlament besorgen.

Na toll, kann man sich jetzt denken, Ausschuss- und Konventssitzungen. Aber nein, das ist nicht alles, das Parlament hat eine Kantine. Diese Kantine bewahrt einem den Körperumfang und frisst zudem kein Loch in die Geldbörse. Außerdem kann man sich nach dem Essen immer noch mit den anderen Praktikanten ganz relaxed im dritten Stock des Parlaments in der so genannten Mickey Mouse Bar niederlassen.

Tja, so ungefähr sah ein normaler Arbeitstag aus. Aber nun zu den angenehmen Seiten des Aufenthalts in Brüssel: Kommissionsparties und Wochenendausflüge...

(2011)

Juristische Auslegung als Geheimwissenschaft

Eine kleine Geschichte der Hermeneutik

Jochen Barte

Eine Katze im Sinne des Gesetzes ist auch ein Hund. Diese scherzhafte Bemerkung wird von Juristen nicht selten dann gebraucht, wenn sich Kommilitonen anderer Fachrichtungen oder auch Laien nach den Einzelheiten der juristischen Auslegungspraxis erkundigen – mit eher zweifelhaftem Erfolg. Die Pointe ist sicher, der Nichtjurist in aller Regel aber nun endgültig verwirrt. Sollte er vorher noch geglaubt haben, dass Jura etwas mit glasklarer Logik zu tun hat, so wird er von nun an die Juristerei den obskuren Geheimwissenschaften zurechnen. Und dem Juristen? Dem ist's in der Regel egal. Hat er sich unvorsichtigerweise als solcher zu erkennen gegeben, dann wird ihm in erster Linie daran gelegen sein, nicht weiter mit „dummen" Fragen belästigt zu werden, denn jeder Jurist weiß, was es heißt, sich beispielsweise auf einer Gartenparty beruflich zu outen. Den Rest des Abends wird er mit der Beantwortung der Rechtsfragen der Partygäste verbringen. Der Satz mit der Katze, die auch ein Hund sein kann, ist vor diesem Hintergrund eine Allzweckwaffe. Er amüsiert, schafft Verwirrung, kann aber, sollte die andere Seite immer noch interessiert sein, auch rechtsphilosophisch unterlegt werden. Denn er weist sozusagen auf die „letzten Gründe" der juristischen Logik zurück: Aufgrund welcher Prämissen kommen juristische Schlussfolgerungen zustande und wie sind diese ihrerseits zu begründen? Fragen mit denen Juristen schon ganz früh im Studium umgehen lernen müssen, wollen sie praktische Lösungen für Bereiche finden, die nicht eindeutig im Gesetz geregelt sind. Das Handwerkszeug dazu liefert die Hermeneutik, die Lehre von der Auslegung und dem Verstehen von Texten. Dies erfolgt bei komplizierten, mehrdeutigen Texten schrittweise, zirkulär. Allgemein werden bei Gesetzestexten vier verschiedene Auslegungsweisen unterschieden: die philologische (Wortsinn), die systematische, die historische und die teleologische Auslegung (Zweck). So weit so gut. Und ein nettes Apercu im Staatsexamen, was sicher gut ankommt, wenn man's irgendwie plausibel unterbringen kann. Aber Vorsicht. Wenn ich an meinen ehemaligen schweizer Zivilrechtsprofessor zurückdenke, würde der wohl bei Letzterem kritisch die Stirn runzeln und nachfragen: Wer hat's erfunden? Und ich würde ihm gerade noch antworten können: Wir, die Deutschen, oder noch genauer: Karl Larenz. Ich stelle mir sodann vor, er nickte zustimmend, was Professoren und besonders Schweizer schon aus Prinzip so gut wie niemals tun. Aber natürlich würde ihm so eine banale

Antwort nicht reichen. Er würde weiter fragen: Was hat Larenz noch erfunden? Hat er auch die Hermeneutik erfunden? Etwa das BGB? Worüber hat der Mann promoviert? Auf einen Schlag wäre ich mittendrin in einem hermeneutischen Zirkel, der mich zu verschlingen drohte. Ich würde mich geschlagen geben. Meine vorlaute Bemerkung bedauern und ihn bitten, mir sein Schweizer Taschenmesser zu leihen, um den gordischen Knoten der hermeneutischen Problemstellungen wenigstens teilweise nach und nach durchtrennen zu dürfen. Dann wäre ich allerdings nicht so naiv bei Larenz anzufangen, sondern bei Friedrich Schleiermacher, denn der hat sie tatsächlich erfunden, oder besser gesagt begründet: die Hermeneutik als Wissenschaft. Das war um 1800 – philosophiegeschichtlich zur Zeit des deutschen Idealismus. Zwar gab es die juristische Hermeneutik als *hermeneutica profana* schon vorher, um mir hier die Zwischenrufe latinophiler Experten zu ersparen, aber Schleiermachers große Leistung bestand darin, die einzelnen Spezialhermeneutiken zu einer Kunst des Verstehens zusammenzuführen. Dieses beinhaltete für ihn ein grammatisches und ein psychologisches Moment. Psychologisch deshalb, weil für Schleiermacher die Einfühlung in den individuellen Geist des Autors unabdingbar war. Im 20. Jahrhundert geriet die Hermeneutik dann vor dem Hintergrund der modernen Naturwissenschaften in die Defensive.

Seither sind vielfach Versuche zu ihrer Rettung unternommen worden, beispielsweise von Dilthey. Heidegger und Gadamer waren gleichfalls bemüht. Allerdings ist der todkranke Patient bisher noch nicht wieder zu vollem Leben erweckt worden. Im juristischen Bereich lagen die Dinge dagegen einfacher. Hier konnte die Hermeneutik als Hilfswissenschaft wie einst überwintern und mit Larenz spannt sich der Bogen zurück zum deutschen Idealismus, zu Kant, Fichte, Schleiermacher und Hegel. Das Thema seiner Dissertationsschrift von 1926 lautete: *Hegels Zurechnungslehre und der Begriff der objektiven Zurechnung*. Larenz setzte im Bereich der Methodenlehre Maßstäbe. Sicher, das BGB hat er nicht erfunden und er war überzeugter Nationalsozialist, aber jeder Student wird an ihn denken, wenn die tausendste Abwandlung des Bananenschalenfalls plötzlich im Examen vor ihm auftaucht und hoffen, dass ihm –für ein paar Bonuspunkte mehr – noch die dogmatische Herleitung der Anspruchsbegründung für den Dritten einfällt: § 328 BGB analog, wie es der Altmeister des Schuldrechts himself gemacht hat: Vertrag mit Schutzwirkung zu Gunsten Dritter. Da war noch was, was nicht im Gesetz steht – und inständig beten, nicht auszurutschen.

(2012)

171

Drei Jahre dolce vita und dann die Ärmel hochkrempeln

Die Schriftstellerin und Einserjuristin Juli Zeh im Justament-Gespräch

Frau Zeh, wann war Ihnen klar, dass Sie nicht nur Juristin, sondern auch Schriftstellerin sind?

Ich hab schon als Kind geschrieben. Die Liebe zur Literatur ist also viel älter als der rechtswissenschaftliche Beruf. Dass ich aber Schriftstellerin werde, also vom Schreiben leben will, habe ich erst nach meinem zweiten Roman und nach dem zweiten juristischen Examen entschieden.

Hilft Ihnen Ihr juristisches Fachwissen beim Schreiben?

Das Fachwissen im Einzelnen vielleicht nicht so sehr. Aber erstens ist es immer wertvoll, Einblick in einen Berufszweig zu haben – man findet dort Stoffe, die man in Geschichten verwenden kann. Und zweitens habe ich im juristischen Studium mein systematisches Denken trainiert, was beim Schreiben von größeren Texten sehr hilfreich ist.

In „Nullzeit" beschreiben Sie detailgenau die Vorgänge des Tauchens. Fließen in Ihre Romane eigene Erlebnisse ein oder entstehen die

Geschichten aus einer Mischung von Fantasie und Recherche?

Grundlage sind eigentlich immer eigene Erlebnisse. Diese erweitere ich dann mithilfe der Phantasie. Ergänzend dazu oder im Nachhinein mache ich ein wenig Recherche, um faktische Fehler zu vermeiden.

Der Protagonist in „Nullzeit" hat Jura studiert, weil er meint, dass dieses Studium alle Möglichkeiten offen hält. Warum haben Sie die Rechtswissenschaften gewählt?

Aus einem ähnlichen Grund. Eigentlich wollte ich Journalistin werden, und man riet mir dann "erst einmal Jura zu studieren", weil man damit bekanntlich "alles" machen kann.

Was finden Sie gut am Jurastudium? Was sehen Sie eher kritisch?

Gut finde ich die Universalität. Ich hoffe, dass sich die juristische Ausbildung weiterhin gegen Bologna, gegen Verschulung und Spezialisierung zur Wehr setzen kann. Jura ist heutzutage einer der wenigen verbliebenen Studiengänge, in dem man noch im klassischen Sinn studieren kann. Nicht so gut fand ich die Überfüllung des Studiengangs sowie den dadurch entstehenden extremen Leistungsdruck.

Sie haben mit einem sehr guten Examen abgeschlossen. Was empfehlen Sie Studierenden in der Examensphase?

In der Examensphase kann ich leider nur empfehlen, hart zu arbeiten. Ich war sehr froh, dass ich in den ersten Jahren des Studiums fast nur rumgehangen und gefeiert habe - das kann ich als Methode sehr empfehlen. Drei Jahre dolce vita, in den Semesterferien arbeiten gehen und das Geld sparen, und dann im letzten Jahr vor dem Examen ein gutes Repetitorium buchen und sich mit hochgekrempelten Ärmeln in die Arbeit stürzen. Das Lernen hat mir dann sogar Spaß gemacht, weil ich angefangen habe, es sportlich zu sehen - wie das Training auf eine Iron-Man-Teilnahme oder so.

Können Sie sich vorstellen, in einem klassischen, juristischen Beruf zu arbeiten oder sehen Sie Ihre Zukunft in der Schriftstellerei?

Ich könnte mir das theoretisch sehr gut vorstellen, aber realistisch betrachtet muss ich einsehen, dass ich langsam aber sicher zu alt werde, um den Beruf noch einmal zu wechseln. Ich muss also hoffen, dass das Schreiben mich und meine Familie bis zum Lebensende ernähren wird.

Das Gespräch führte Justament-Autorin Katharina Stosno. (2013)

Das fähige genehmigungs-bedürftige Vorhaben

Eine Sprachkritik unter Juristen

Marc Nüßen

Der einfachste Beruf der Welt dürfte Gerichtsreporter sein. Man kann erzählen oder schreiben was man will, solange man nur jeden dritten Satz mit „Die Richter sahen es als erwiesen an..." beginnt und sich zwingt, statt „Berufung" und „Revision" stets „Revision" zu sagen. Wer es sich dann noch zum Prinzip macht, jede Freiheitsstrafe als „Haft" zu bezeichnen, erfüllt gar sämtliche Voraussetzungen, es im deutschen Fernsehen zum Rechtsexperten zu bringen.

Kleinliches Herummosern an der Ausdrucksweise anderer ist allerdings weder schön noch witzig und im Grunde soll jeder so sprechen, wie ihm der Schnabel gewachsen ist. Wenn jemand aber mit Sprache sein Geld verdient, dann sollte er zu jederzeitiger Schnabelpflege bereit sein. Ein Germanist, der ständig „das macht Sinn" oder „nicht wirklich" sagt, leugnet nicht nur seine akademische Ausbildung. Er disqualifiziert sich für sein Tätigkeitsfeld.

Auch wir Juristen gehören zu den Vertretern einer Berufsgruppe, in der sprachliche Präzision weit über die bloße Ästhetik hinaus ernstlich von Bedeutung ist. Wo keine Legaldefinition verfügbar ist, werden Deutungsversuche unternommen, in der Eindrücke und Erfahrungen einer ganzen bisherigen Lebensspanne zur Anschauung kommen und obendrein mit einer analytischen, beinahe chirurgischen Präzision am Wort gearbeitet wird. Was ein Jurist sagt, sollte sehr genau sein. Was ein Jurist schreibt, *muss* sehr genau sein.

Deshalb plädiere ich dafür, dass jeder, der sich mit juristischen Texten befasst und dabei über fehlende sprachliche Präzision stolpert, diese zur Diskussion stellt. Gern mache ich den Anfang mit einem Begriff, der mich seit meiner ersten Baurechtsvorlesung begleitet und mir seitdem regelmäßig die Trommelfelle respektive die Netzhäute reizt: Genehmigungsfähigkeit.

In den Lehrbüchern der renommiertesten Rechtswissenschaftler liest man das. Die Richter selbst der obersten Gerichte drücken sich so aus. Niemand hebt zum Widerspruch an. Und ich habe auch keinen Beweis dafür, dass es falsch ist. Aber klingt das nicht wie ein semantischer Bohneneintopf? Gerät da nicht das Sprachgefühl eines jeden Ex-Abiturienten ins Delirium Furibundum?

Ist etwas fähig (bzw. -fähig), so bedeutet das doch, dass es eine bestimmte Fähigkeit besitzt. Es ist ergo aktiv zu etwas in der Lage oder imstande. Lernfähig, regierungsfähig, leistungsfähig ist aber doch stets nur das (grammatikalische) Subjekt, auf das sich das per Suffix „-fähig" adjektivierte Substantiv bezieht. Hier also der Schüler, die Parteienkoalition, die Sportlerin.

So sehr der Fortschritt sogar in kommunale Badeanstalten Einzug hält. Aufblasfähige Schwimmflügel habe ich noch nie gesehen. Ich meine aber, die guten alten aufblasbaren Produkte tun es immer noch. Und hätte ich je feststellen müssen, dass der Schmutztank meines beutelfreien Staubsaugers abnehmfähig statt abnehmbar ist, ich hätte das Gerät noch am selben Tag zum Händler zurückgebracht.

Sagt man, ein Bauvorhaben sei genehmigungsfähig, dann ist das in etwa so, als sage man, die dafür erforderlichen Auskofferungsarbeiten seien „binnen drei Wochen durchführfähig". Das sind sie nicht. Sie sind durchführbar. Genau hier liegt die Antwort auf die Frage, was man denn statt „genehmigungsfähig" besser sagen sollte: „genehmigbar". Das Vorhaben selbst ist nicht aktiv zur Erteilung einer Genehmigung fähig. Es erfüllt allenfalls die Voraussetzungen, um passiv genehmigt zu werden. Es ist genehmigbar.

„Genehmigbarkeit" klingt sauber, präzise und kein bisschen hölzerner als „Genehmigungsfähigkeit". Es passt genauso gut in die Schaubilder von Hochschullehrern und Repetitoren, geht weich von der Zunge und sieht in der Druckversion eines Urteils sicher klasse aus.

Dies ist keine Aufforderung, die alten Bücher zu zerreißen und in alle Winde zu verstreuen. Nur ein kleines Plädoyer dafür, auch althergebrachte und etablierte Begrifflichkeiten der Rechtssprache ständig zu hinterfragen. „Das haben wir schon immer so gemacht" bzw. „gesagt" ist nämlich nichts, was einen Juristen überzeugen sollte.

(2013)

Anwalt der Herzen

Justament-Autor Oliver Niekiel über die Kult-Serie „Liebling Kreuzberg"

Mein Berufswunsch stand lange vor dem Abitur fest. Ich wollte unbedingt Rechtsanwalt werden. Die Gründe dafür waren zahlreich. Einer davon lief dienstags um 20:15 Uhr „im Ersten": Liebling Kreuzberg, die für mich immer noch beste Anwaltsserie aller Zeiten. In der Hauptrolle: Manfred Krug als Robert Liebling, Rechtsanwalt und Notar in Berlin. In insgesamt fünf Staffeln, inzwischen alle auf DVD erhältlich, geht es um die verschiedensten rechtlichen und privaten Probleme, die Liebling in der Regel bravurös und unterhaltsam löst. Unterstützt wird er dabei zunächst von Dr. Gieselmund Arnold (Michael Kausch), später von Isolde Isenthal (Jenny Gröllmann) und schließlich von Dr. Bruno Pelzer (Stefan Reck). Auch ein Referendar (Friedrich-Karl Praetorius) steht ihm zeitweise, namentlich in der zweiten Staffel, zur Verfügung.

Neben seinen Fachangestellten Senta (Anja Franke) und Paula (Corinna Genest) spielen seine Tochter Sarah (Roswitha Schreiner) und die häufig wechselnden Freundinnen eine gewisse Rolle im Leben des Anwalts. Beziehungen unterhält er zunächst zu Lilly

(Karin Eickelbaum), in der zweiten und dritten Staffel zu Staatsanwältin Rosemarie Monk (Diana Körner), in der vierten Staffel zu Lena Lewandowsky (Isa Jank) sowie in der fünften Staffel zu Lola Kornhaus (Monika Woytowicz) und Miriam Breslauer (Johanna Liebeneiner). In den beiden ersten Staffeln taucht zudem Lieblings Exfrau (Brigitte Grothum) auf.

Robert Liebling isst regelmäßig – ob in der Gerichtskantine oder der Kanzlei – Götterspeise, gibt aber in einer Folge zu, diese eigentlich gar nicht zu mögen. Er raucht Zigarre und gönnt sich hin und wieder einen guten Tropfen, der natürlich in seinem Büro gelagert ist. Markenzeichen sind sein Schlapphut (jedenfalls anfangs) sowie seine bunten Krawatten. Einmal versucht er den Umstieg von der Krawatte auf die Fliege, scheitert aber kläglich. In den drei ersten Staffeln ist Liebling auf einem Motorrad unterwegs, in der vierten und fünften Staffel fährt er Auto – die Marke mit dem Stern. Das Sofa in seinem Büro, das Modellauto auf dem Schreibtisch und das oftmals von ihm gereinigte Kanzleischild („wau wau … was gibt es doch für dumme Menschen") sind mir ebenso in Erinnerung.

Als Anwalt wirkt Liebling manchmal lustlos, uninteressante Fälle schiebt er gerne ab. Das kann er sich leisten, weil er als Notar Grundstücksverkäufe beurkundet, die aus einem von ihm geerbten und dann verkauften Unternehmen resultieren. Nimmt er sich jedoch eines Falles an, so löst er ihn regelmäßig erfolgreich, wobei es nicht selten zu unerwarteten Wendungen kommt. Hin und wieder geht es zwar um ernstere Themen. Die meisten Folgen lassen jedoch die humorvolle Seite nicht zu kurz kommen.

Unvergessen ist die Szene, in der ein Anwalt Liebling einen Vergleichsvorschlag unterbreitet und dieser darauf sinngemäß entgegnet, er müsse sich erst setzen und Kraft schöpfen, um nicht vor Lachen zusammenzubrechen. Oder die Situation, in der eine Mandantin eine andere Person wüst beschimpft und Liebling sogleich aufzählt, was jede einzelne Beleidigung kostet. Witzig natürlich auch, dass sich Robert Liebling gleich in der ersten Staffel, dort ist er Geisel eines Supermarkteinbrechers, gegen Rechtsanwalt G. Arnold austauschen lässt, weil er einen Beurkundungstermin wahrnehmen muss.

Folgende – nicht annähernd vollständige – Auswahl verdeutlicht, mit Rechtsproblemen welcher Art sich Robert Liebling und seine Kollegen konfrontiert sehen:

- Einem jungen Türken wird eine schwere Körperverletzung vorgeworfen und Liebling nimmt sich seiner an. Das Problem: Es wird zugleich ein „türkischer

Anwalt" eingeschaltet, der nach eigenen Regeln handelt.

- Zwei Freunde streiten um eine junge Frau aus Thailand. Der eine hatte diese über eine Agentur in Bangkok vermittelt bekommen und nach Deutschland geholt. Allerdings verliebte sich die Thailänderin in den anderen Mann, der nun die Vermittlungsprovision übernehmen soll.
- Der wohlhabende Inhaber eines Antiquitätengeschäftes bezahlt einen Obdach- und Arbeitslosen, damit dieser für ihn eine viermonatige Gefängnisstrafe absitzt. Dieser Obdach- und Arbeitslose möchte nach seiner Entlassung aus der Haft noch mehr Geld sehen.
- Die Ehefrau eines angesehenen Bankchefs geht heimlich einer Nebenbeschäftigung als Prostituierte nach. Dabei kommt es zu einem Zahlungsstreit mit einem Kunden. Der hatte einen Ring in Zahlung gegeben, den die Prostituierte kurzerhand im Pfandhaus versetzte. Nun droht ein Rechtsstreit, weil der Kunde seinen Ring zurückhaben möchte.
- Eine Frau will sich scheiden lassen. Zum gemeinsamen Vermögen, von dem ihr die Hälfte zusteht, gehört jedoch Geld aus einer Steuerhinterziehung.

- Eine junge Frau ist ohne Führerschein gegen einen Baum gefahren. Keiner glaubt ihr, dass der Fahrlehrer vorher versucht hatte, sie zu vergewaltigen.
- Ein Mann hatte einer Frau drei Jahre lang die Ehe versprochen. Es stellt sich nun heraus, dass er bereits verheiratet ist und das viele Geld, das die gute Frau in ihn investiert hat, verloren scheint.
- Liebling erhält einen Anruf aus dem Gefängnis, und zwar per Handy. Ein bereits einschlägig vorbestrafter Untersuchungsgefangener benötigt einen Anwalt. Bei einer Verkehrskontrolle entdeckte die Polizei im Kofferraum seines Wagens neben einem Totschläger viel Bargeld.

Hervorzuheben ist die 1989 vom Deutschen Anwaltverein mit dem DAV-Pressepreis ausgezeichnete Folge „Taschenpfändung" (erste Folge der zweiten Staffel). Der Italiener Giovanni Lara ist in Deutschland zur Unterhaltszahlungen verurteilt, lebt jedoch im Ausland und zahlt nicht. Zufällig hat er sein Erschienen auf einem Kongress im ICC angekündigt, sodass die Kindsmutter Lisa Grund eine Chance sieht, an das Geld zu kommen. Sie wendet sich an Liebling und Arnold, die im Wege einer Taschenpfändung – am Wochenende – eine wertvolle Armbanduhr und die Schlüssel zu einem Auto pfänden können. Unterstützt werden sie dabei von Gerichtsvollzieher Kalinke (Gerhard Olschewski).

Natürlich überzeugen manche der insgesamt 58 Folgen mehr als andere. Aber keine ist wirklich langweilig, ich habe sie mir mehrfach angesehen – und werde es wieder tun. Zwar ist inzwischen Gewissheit, was ich damals vor dem Abitur schon ahnte, dass nämlich das echte Anwaltsleben nicht dem des Robert Liebling entspricht. Dies ändert aber nichts daran, dass es sich um eine sehenswerte Serie handelt (und es für mich keinen schöneren Beruf als den des Rechtsanwalts gibt). Schade, dass schon nach fünf Staffeln Schluss war. Ein großes Dankeschön an Manfred Krug für diese tolle Rolle!!!!

(2014, bisher unveröffentlicht)